* משנה *

One who brings a sheep into a fold (an enclosure)	הַכּוֹנֵס צֹאן לְדִיר
and he closed [the door] in front of it	וְנָעַל בְּפָנֶיהָ
properly,	כָּרָאוּי,
	וְיָצְאָה וְהִזִּיקָה ־
	פָּטוּר
If he did not close [the door] in front of it	לֹא נָעַל בְּפָנֶיהָ
	כָּרָאוּי,
and it went out and did damage -	וְיָצְאָה וְהִזִּיקָה ־
	חַיָּיב.
[If the fold] was breached (broken) at night	נִפְרְצָה בַּלַּיְלָה
or if robbers breached (broke) it,	אוֹ שֶׁפְּרָצוּהָ לִסְטִים,
	וְיָצְאָה וְהִזִּיקָה ־
	פָּטוּר.
[If] robbers took it out -	הוֹצִיאוּהָ לִסְטִים ־
	לִסְטִים חַיָּיבִין.
[If] he left it in the sun,	הִנִּיחָהּ בַּחַמָּה,
or *if* he gave it	אוֹ שֶׁמְּסָרָהּ

to a deaf-mute,	לְחֵרֵשׁ
a mentally incompetent person,	שׁוֹטֶה
	וְקָטָן,
and it went out and did damage -	וְיָצְאָה וְהִזִּיקָה -
	חַיָּיב.
[If] he gave it over to a shepherd -	מְסָרָהּ לְרוֹעֶה -
the shepherd *becomes responsible in his place.*	נִכְנָס הָרוֹעֶה תַּחְתָּיו.
If it entered a garden	נָפְלָה לַגִּינָּה
and benefited -	וְנֶהֱנֵית -
the owner pays	מְשַׁלֶּמֶת
	מַה שֶּׁנֶּהֱנֵית,
If it went down *in its usual way*	יָרְדָה כְּדַרְכָּה
	וְהִזִּיקָה -
	מְשַׁלֶּמֶת
what it damaged.	מַה שֶּׁהִזִּיקָה.
How does *the owner* pay	כֵּיצַד מְשַׁלֶּמֶת
	מַה שֶּׁהִזִּיקָה?
We evaluate a בית סאה	שָׁמִין בֵּית סְאָה

Hebrew	English
בְּאוֹתָהּ שָׂדֶה	
כַּמָּה הָיְתָה יָפָה	how much it was worth
וְכַמָּה הִיא יָפָה	
רַבִּי שִׁמְעוֹן אוֹמֵר:	רבי שמעון says:
אָכְלָה	
פֵּירוֹת גְּמוּרִים	ripe (complete) produce,
מְשַׁלֶּמֶת	*the owner* pays
פֵּירוֹת גְּמוּרִים,	
אִם סְאָה -	if [it is] a סאה -
סְאָה,	[he pays] a סאה,
אִם סָאתַיִם -	if [it is] two סאה -
סָאתַיִם.	

* גמרא *

The רבנן taught:	תָּנוּ רַבָּנָן:
"What is [considered] properly,	אֵיזֶהוּ כָּרָאוּי,
	וְאֵיזֶהוּ שֶׁלֹּא כָּרָאוּי?
	דֶּלֶת
which can stand	שֶׁיְכוֹלָה לַעֲמוֹד
in a normal wind (a wind which is normally found here) -	בְּרוּחַ מְצוּיָה ־
	זֶהוּ כָּרָאוּי,
that [door] which cannot stand	שֶׁאֵינָהּ יְכוֹלָה לַעֲמוֹד
	בְּרוּחַ מְצוּיָה ־
that is not properly."	זֶהוּ שֶׁלֹּא כָּרָאוּי.
רבי מני בר פטיש said,	אָמַר רַבִּי מָנֵי בַּר פַּטִּישׁ:
"Who taught	מַאן תָּנָא
[about] a מועד	מוּעָד
that it is sufficient for it	דְּסַגִּי לֵיהּ
a lesser guarding?	בִּשְׁמִירָה פְּחוּתָה?
	רַבִּי יְהוּדָה הִיא
	דִּתְנַן:

קְשָׁרוֹ בְּעָלָיו	'[If] its owner tied it
בְּמוֹסֵירָה	with a rein
וְנָעַל לְפָנָיו	
כָּרָאוּי,	properly,
וְיָצָא וְהִזִּיק,	
אֶחָד תָּם	one [and the same] a תם
וְאֶחָד מוּעָד -	and one a מועד -
חַיָּיב,	
דִּבְרֵי רַבִּי מֵאִיר	these are the words of רב' מאיר.
רַבִּי יְהוּדָה אוֹמֵר:	
תָּם - חַיָּיב,	"A תם - is responsible,
מוּעָד - פָּטוּר,	
שֶׁנֶּאֱמַר:	
(שמות כ"א)	
וְלֹא יִשְׁמְרֶנּוּ בְּעָלָיו,	'and its owner did not guard it,'
וְשָׁמוּר הוּא זֶה.	and this one is guarded."
רַבִּי אֱלִיעֶזֶר אוֹמֵר:	
אֵין לוֹ שְׁמִירָה	"There is no guarding for it
אֶלָּא סַכִּין.	except a knife."

You can even say	אֲפִילוּ תֵּימָא
[that it is according to] רב׳ מאיר -	רַבִּי מֵאִיר –
שן and רגל (Tooth and Foot) are different,	שָׁאנִי שֵׁן וָרֶגֶל,
because the תורה reduced their guarding [responsibility],	דְּהַתּוֹרָה מִיעֲטָה בִּשְׁמִירָתָן,
	דְּאָמַר רַבִּי אֶלְעָזָר,
and some say [about] it -	וְאָמְרֵי לָהּ
it is taught in a ברייתא:	בְּמַתְנִיתָא תָּנָא:
	אַרְבָּעָה דְּבָרִים
the תורה reduced (in) their guarding,	הַתּוֹרָה מִיעֲטָה בִּשְׁמִירָתָן,
	וְאֵלּוּ הֵן:
בור (pit),	בּוֹר,
	וְאֵשׁ,
	שֵׁן,
and רגל (foot).	וָרֶגֶל.
	בּוֹר,
	דִּכְתִיב:
	(שמות כ״א)
'If a man will open a pit	כִּי יִפְתַּח אִישׁ בּוֹר
	אוֹ

if he will dig a pit	כִּי יִכְרֶה אִישׁ בֹּר
and he will not cover it -	וְלֹא יְכַסֶּנּוּ –
[which indicates that] if he covered it -	הָא כִּסָּהוּ –
	פָּטוּר.
	אֵשׁ,
as it is written:	דִּכְתִיב:
	(שמות כ"ב)
"He shall surely pay -	שַׁלֵּם יְשַׁלֵּם
the one who kindles (lights) the fire,"	הַמַּבְעִיר אֶת הַבְּעֵרָה,
- [he is פטור] until he does	עַד דְּעָבִיד
like kindling.	כְּעֵין מַבְעִיר.
Tooth,	שֵׁן,
	דִּכְתִיב:
	(שמות כ"ב)
"And it consumes (eats) it the field of another,"	וּבִעֵר בִּשְׂדֵה אַחֵר,
	עַד דְּעָבִיד
like consuming (eating).	כְּעֵין וּבִעֵר.
	רֶגֶל,
	דִּכְתִיב:

וְשַׁלַּח,	"And he sends,"
עַד דְּעָבִיד	- [he is פטור] until he does
כְּעֵין וְשִׁלַּח.	
וְתַנְיָא:	And it was taught (in a ברייתא)
וְשַׁלַּח -	
זֶה הָרֶגֶל,	
וְכֵן הוּא אוֹמֵר:	and so it says:
(ישעיהו ל"ב)	
מְשַׁלְּחֵי רֶגֶל	"That send forth [the] foot
הַשּׁוֹר וְהַחֲמוֹר,	[of] the bull and the donkey."
וּבִעֵר -	"And it consumes" -
זֶה הַשֵּׁן,	
וְכֵן הוּא אוֹמֵר:	
(מלכים א' י"ד)	
כַּאֲשֶׁר יְבַעֵר הַגָּלָל	"As the tooth consumes
עַד תֻּמּוֹ	until its end."
טַעֲמָא	The reason [is]
דְּעָבִיד	
כְּעֵין וְשִׁלַּח וּבִעֵר,	like sending and consuming [carelessly],

	הָא לֹא עָבִיד -
no (he would not be ח"ב).	לֹא.
	אָמַר רַבָּה:
This can also be deduced from the משנה,	מַתְנִיתִין נַמִּי דַּיְקָא,
since it teaches "sheep" -	דְּקָתָנֵי צֹאן,
let us see,	מִכְּדִי
we have been busy with "bull"	בְּשׁוֹר קָא עַסְקִינָן
and it continues [in our פרק],	וְאָתֵי,
let it teach "bull",	נִיתְנֵי שׁוֹר,
what is the difference [in our פרק]	מַאי שְׁנָא
	דְּקָתָנֵי צֹאן?
	לַאו מִשּׁוּם
the תורה subtracted	דְּהַתּוֹרָה מִיעֲטָה
	בִּשְׁמִירָתָן,
	לַאו מִשּׁוּם
that here (by sheep)	דְּכָאן
[the damage of] "horn" is not written by it,	קֶרֶן לֹא כְּתִיבָא בָּהּ,
	שֵׁן וְרֶגֶל
	הוּא דִּכְתִיב בֵּיהּ,

וְקָא מַשְׁמַע לָן	and it comes to tell us
דְּשֵׁן וְרֶגֶל	
דְּמוּעָדִין הוּא,	that they are מועד (established to damage) [and a lower level of watching is sufficient]-
שְׁמַע מִינָּהּ.	[Yes} we *see* so from this.
תַּנְיָא,	
אָמַר רַבִּי יְהוֹשֻׁעַ:	
אַרְבָּעָה דְּבָרִים,	
הָעוֹשֶׂה אוֹתָן	one who does them
פָּטוּר	
מִדִּינֵי אָדָם	according to (from) the laws of Man
וְחַיָּיב	but he is חייב (liable)
בְּדִינֵי שָׁמַיִם,	
וְאֵלּוּ הֵן:	
הַפּוֹרֵץ גָּדֵר	One who breaches (breaks) a wall
בִּפְנֵי בֶּהֱמַת חֲבֵירוֹ,	
וְהַכּוֹפֵף	and the one who bends
קָמָתוֹ שֶׁל חֲבֵירוֹ	the standing grain of his fellow
בִּפְנֵי הַדְּלֵיקָה,	
וְהַשּׂוֹכֵר	and one who hires

	עֵדֵי שֶׁקֶר
to testify,	לְהָעִיד,
and one who knows testimony	וְהַיּוֹדֵעַ עֵדוּת
	לַחֲבֵירוֹ
	וְאֵינוֹ מֵעִיד לוֹ.
A חכם said [previously]:	אָמַר מַר:
	הַפּוֹרֵץ גָּדֵר
in front of his friend's animal.	בִּפְנֵי בֶּהֱמַת חֲבֵירוֹ.
In what circumstance (how) is this?	הֵיכִי דָּמֵי?
If you say	אִילֵימָא
with a sturdy (healthy) wall -	בְּכוֹתֶל בָּרִיא –
	בְּדִינֵי אָדָם
he should also be ח"ב (liable)!?	נָמִי נִיחַיַּיב
	אֶלָּא

[the ברייתא is] by a shaky wall.	בְּכוֹתֶל רָעוּעַ.
	אָמַר מַר:
one who bends	הַכּוֹפֵף
the standing grain of his fellow	קָמָתוֹ שֶׁל חֲבֵירוֹ
	בִּפְנֵי הַדְּלֵיקָה.
How is this [case]?	הֵיכִי דָמֵי?
If you say	אִילֵימָא
that it reached it	דְּמָטְיָא לֵיהּ
with a common (found) wind,	בְּרוּחַ מְצוּיָה,
	בְּדִינֵי אָדָם
	נַמִי נְחַיֵּיב
	אֶלָּא
	דְּמָטְיָא
with an uncommon wind (which is not usually found),	בְּרוּחַ שֶׁאֵינָהּ מְצוּיָה.
	וְרַב אַשִׁי אָמַר:
"It is speaking about hidden grain,	טָמוּן אִתְּמַר,
because he made it	מִשּׁוּם דְּשַׁוְּיֵהּ
	טָמוּן בָּאֵשׁ.

A חכם said [previously]:	אָמַר מַר:
	הַשּׂוֹכֵר עֵדֵי שֶׁקֶר.
	הֵיכִי דָּמֵי?
If you say [he hired them] for himself,	אִילֵימָא לְנַפְשֵׁיהּ,
he must pay money,	מָמוֹנָא בָּעֵי שְׁלוּמֵי,
	וּבְדִינֵי אָדָם
he also becomes ח״ב!	נַמִּי נִיחַיַּיב
	אֶלָּא לְחַבְרֵיהּ.
	וְהַיּוֹדֵעַ עֵדוּת לַחֲבֵירוֹ
and he does not testify for him.	וְאֵינוֹ מֵעִיד לוֹ.
What are we dealing with?	בְּמַאי עַסְקִינַן?
	אִילֵימָא
[in a case] with two witnesses,	בְּבֵי תְּרֵי,
	פְּשִׁיטָא,
it is a תורה law,	דְּאוֹרַיְיתָא הוּא,
	(ויקרא ה׳)
"If he doesn't tell	אִם לֹא יַגִּיד
(and) he will carry his sin!"	וְנָשָׂא עֲוֹנוֹ

אֶלָּא בְּחַד.

And are there no more?	וְתוּ לֵיכָּא?
But there are more!	וְהָאִיכָּא!
	(סִימָן, הָעוֹשֶׂה בְּסַם וּשְׁלִיחַ חֲבֵירוֹ נשבר)
	הָעוֹשֶׂה מְלָאכָה
with פרה אדומה (cleansing) water,	בְּמֵי חַטָּאת
and with a פרה אדומה (cleansing cow),	וּבְפָרַת חַטָּאת
	פָּטוּר מִדִּינֵי אָדָם
	וְחַיָּיב בְּדִינֵי שָׁמַיִם
And there are more!	וְהָאִיכָּא:
One who puts poison	הַנּוֹתֵן סַם הַמָּוֶת
	בִּפְנֵי בֶּהֱמַת חֲבֵירוֹ
he is פטור (exempt) according to (from) the laws of Man	פָּטוּר מִדִּינֵי אָדָם
	וְחַיָּיב בְּדִינֵי שָׁמַיִם
	וְהָאִיכָּא!
One who *sends* a fire	הַשּׁוֹלֵחַ אֶת הַבְּעֵרָה
	בְּיַד
a deaf-mute, a mentally incompetent person, or a minor -	חֵרֵשׁ שׁוֹטֶה וְקָטָן

	פָטוּר מִדִינֵי אָדָם
but he is ח"ב (obligated) according to (from) the laws of Heaven.	וְחַיָּיב בְּדִינֵי שָׁמַיִם
[And] there are more!	הָאִיכָּא:
One who frightens his fellow (friend) -	הַמַּבְעִית אֶת חֲבֵירוֹ -
he is פטור (exempt) according to (from) the laws of Man	פָטוּר מִדִינֵי אָדָם
	וְחַיָּיב בְּדִינֵי שָׁמַיִם
	וְהָאִיכָּא:
[The case of] his pitcher broke	נִשְׁבְּרָה כַּדּוֹ
	בִּרְשׁוּת הָרַבִּים
and he did not remove it,	וְלֹא סִלְּקָהּ,
	נָפְלָה גְמַלוֹ
and he did not stand it up -	וְלֹא הֶעֱמִידָהּ -
ר' מאיר obligates [him] *for* their damage,	רַבִּי מֵאִיר מְחַיֵּיב בְּהֶזֵּיקָן,
	וַחֲכָמִים אוֹמְרִים:
	פָטוּר בְּדִינֵי אָדָם
but he is ח"ב (obligated) according to (from) the laws of Heaven!?	וְחַיָּיב בְּדִינֵי שָׁמַיִם
Yes,	אֵין,
actually	מִיהָא

there are many,	אִיכָּא טוּבָא,
but these he needed [to mention];	וְהָנֵי אִצְטְרִיכָא לֵיהּ;
what might you have said:	מַהוּ דְּתֵימָא:
	בְּדִינֵי שָׁמַיִם נַמִּי
	לֹא לִיחַיַּיב,
[therefore] it comes to tell us [that he is ח״ב בדינ׳ שמים].	קָא מַשְׁמַע לָן.
One who breaches (breaks) a wall	הַפּוֹרֵץ גָּדֵר
	בִּפְנֵי בֶּהֱמַת חֲבֵירוֹ –
What might you have said:	מַהוּ דְּתֵימָא:
Since it is *planned* to be knocked down,	כֵּיוָן דִּלְמִסְתְּרֵיהּ קָאֵי
what did he do?	מַה עֲבִיד?
	בְּדִינֵי שָׁמַיִם נַמִּי
	לֹא לִיחַיַּיב,
[therefore] it comes to tell us [that he is ח״ב בדינ׳ שמים].	קָא מַשְׁמַע לָן.
One who bends	הַכּוֹפֵף
	קָמָתוֹ שֶׁל חֲבֵירוֹ
also -	נַמִּי –
	מַהוּ דְּתֵימָא:

לֵימָא	Let him say,
מִי הֲוָה יָדַעְנָא	
דְּאַתְיָא רוּחַ שֶׁאֵינָהּ מְצוּיָה?	that an extraordinary wind would come?
וּבְדִינֵי שָׁמַיִם נַמִּי	and also according to (from) the laws of Heaven
לֹא לִיחַיַּיב,	
קָא מַשְׁמַע לָן.	[therefore] it comes to tell us [that he is ח"ב בדיני שמים].
וּלְרַב אַשִׁי דְּאָמַר	
נַמִּי	also [an explanation can be given] -
טָמוּן אִיתְּמַר –	[who had explained] "It is speaking about hidden grain -"
מַהוּ דְּתֵימָא:	What might you have said:
אֲנָא כַּסוּיֵי כַּסִּיתֵיהּ נִיהֲלָךְ!	[He can claim] "I covered it for you!"
וּבְדִינֵי שָׁמַיִם נַמִּי	
לֹא לִיחַיַּיב,	
קָא מַשְׁמַע לָן.	
וְהַשּׂוֹכֵר עֵדֵי שֶׁקֶר	And one who hires false witnesses
נַמִּי,	also [an explanation can be given] -
מַהוּ דְּתֵימָא:	What might you have said:
לֵימָא	

דִּבְרֵי הָרַב וְדִבְרֵי הַתַּלְמִיד,	"The words of the teacher and the words of the student,
דִּבְרֵי מִי שׁוֹמְעִין?	
וּבְדִינֵי שָׁמַיִם נַמִּי	and also according to (from) the laws of Heaven
לֹא לִיחַיַּיב,	
קָא מַשְׁמַע לָן.	[therefore] it comes to tell us [that he is ח"ב בדיני שמים].
וְהַיּוֹדֵעַ עֵדוּת לַחֲבֵירוֹ	
וְאֵינוֹ מֵעִיד לוֹ	and he does not testify for him
נַמִּי,	
מַהוּ דְּתֵימָא:	
מִי יֵימַר	"Who says,
דְּכִי הֲוָה (אָתִינָא)	that if I had (come)
מִסְהֲדִינָא לֵיהּ	[and] testified for him
הֲוָה מוֹדֶה?	
דִּלְמָא	
הֲוָה מִשְׁתַּבַּע לְשִׁקְרָא,	he would have sworn falsely,
וּבְדִינֵי שָׁמַיִם נַמִּי	
לֹא לִיחַיַּיב –	he should not be ח"ב -
קָא מַשְׁמַע לָן. ־	[therefore] it comes to tell us [that he is ח"ב בדיני שמים].

	נִפְרְצָה בַּלַּיְלָה,
or if robbers breached (broke) it etc.	אוֹ שֶׁפְּרָצוּהָ לִסְטִים כו'.
	אָמַר רַבָּה:
And it is [פטור in a case] that it broke it.	וְהוּא שֶׁחָתְרָה.
	אֲבָל לֹא חָתְרָה
	מַאי?
He would be ח"ב.	חַיָּיב.
How is this?	הֵיכִי דָּמֵי?
	אִילֵימָא
with a sturdy (healthy) wall,	בְּכוֹתֶל בָּרִיא,
when it did not dig [beneath it]	כִּי לֹא חָתְרָה
why is he ח"ב?	אַמַּאי חַיָּיב?
What should he have done!?	מַאי הֲוָה לֵיהּ לְמֶעֱבַד?
But, it [must be speaking] about a flimsy wall.	אֶלָּא בְּכוֹתֶל רָעוּעַ.
If it dug [beneath it]	כִּי חָתְרָה
	אַמַּאי פָּטוּר –
its beginning is careless	תְּחִלָּתוֹ בִּפְשִׁיעָה
and its end is an accident!?	וְסוֹפוֹ בְּאוֹנֶס הוּא!?

It comes out good according to the one who says:	הָנִיחָא לְמַאן דְּאָמַר:
	תְּחִילָּתוֹ בִּפְשִׁיעָה
and its end is an accident -	וְסוֹפוֹ בְּאוֹנֶס -
	פָּטוּר,
	אֶלָּא
	לְמַאן דְּאָמַר:
Its beginning is careless	תְּחִילָּתוֹ בִּפְשִׁיעָה
	וְסוֹפוֹ בְּאוֹנֶס -
is ח"ב,	חַיָּיב,
what can be said (is there to say)?	מַאי אִיכָּא לְמֵימַר?
	אֶלָּא,
the משנה is speaking about a sturdy (healthy) wall,	מַתְנִיתִין בְּכוֹתֶל בָּרִיא,
and even if it did not dig [beneath it he would be פטור],	וַאֲפִילוּ לֹא חָתְרָה,
and that which רבה said -	וְכִי אִיתְּמַר דְּרַבָּה -
	אַסֵּיפָא אִיתְּמַר:
	הִנִּיחָהּ בַּחַמָּה,
or if he gave it over	אוֹ שֶׁמְּסָרָהּ
	לְחֵרֵשׁ,

a mentally incompetent person,	שׁוֹטֶה,
	וְקָטָן,
	וְיָצְתָה וְהִזִּיקָה ־
	חַיָּיב,
רבה said,	אָמַר רַבָּה:
	וַאֲפִילוּ חָתְרָה.
It is not necessary [to teach]	לֹא מִבַּעְיָא
	הֵיכָא דְּלֹא חָתְרָה
that it is all through carelessness,	דְּכוּלָהּ בִּפְשִׁיעָה הוּא,
	אֶלָּא
	אֲפִילוּ חָתְרָה נַמִּי,
what might you have said,	מַהוּ דְּתֵימָא:
it is	הֲוִיָא לָהּ
[a case of] its beginning is careless	תְּחִילָתוֹ בִּפְשִׁיעָה
	וְסוֹפוֹ בְּאוֹנֶס,
[therefore] it comes to tell us	קָא מַשְׁמַע לָן
	דְּכוּלָהּ פְּשִׁיעָה הִיא.
What is the reason?	מַאי טַעְמָא?

	דְּאָמַר לֵיהּ:
"You [certainly] knew	מֵידַע יָדַעְתְּ
that since you left it in the sun,	דְּכֵיוָן דְּשְׁבַקְתָּה בַּחַמָּה,
any method	כָּל טַצְדְּקָא
that it could use (do)	דְּאִית לָהּ לְמֵיעֱבַד
	עָבְדָא
and it would get out.	וְנַפְקָא.
	הוֹצִיאוּהָ לִסְטִים ־
	לִסְטִים חַיָּיבִין.

פְּשִׁיטָא,	It is obvious (simple),
כֵּיוָן דְּאַפְקוּהָ	since [the robbers] removed it
קַיְימָא לָהּ בִּרְשׁוּתַיְיהוּ	it is in their possession
לְכָל מִילֵּי!	for all things!
לֹא צְרִיכָא,	It is not necessary [to tell this to us except],
דְּקָמוּ לָהּ בְּאַפָּהּ,	when they stood before it,
כִּי הָא דְּאָמַר רַבָּה	
אָמַר רַב מַתְּנָה	
אָמַר רַב:	
הַמַּעֲמִיד בֶּהֱמַת חֲבֵרוֹ	one who stands the animal of his fellow
עַל קָמַת חֲבֵירוֹ -	on the standing grain of his fellow -
חַיָּיב,	
מַעֲמִיד	
פְּשִׁיטָא!	
לֹא צְרִיכָא,	It is not necessary to say this [except]'
דְּקָם לָהּ בְּאַפָּהּ.	where he stood before it.
אָמַר לֵיהּ אַבַּיֵי לְרַב יוֹסֵף:	

הִכִּישָׁהּ	"[In a case where] he hit it
אָמַרְתְּ לָן,	you told us,
וְלִסְטִים נַמִּי	and the [case of the] robbers also
דְּהִכִּישׁוּהָ.	
מְסָרָהּ לְרוֹעֶה ־	[If] he gave it to a shepherd -
נִכְנָס הָרוֹעֶה כו׳.	
אָמְרֵי:	
תַּחְתָּיו דְּמַאן?	In place of whom?
אִילֵימָא	If you say
תַּחְתָּיו דְּבַעַל בְּהֵמָה,	
תְּנֵינָא חֲדָא זִמְנָא:	this was taught one time:
מְסָרוֹ	[If] he gave it over
לְשׁוֹמֵר חִנָּם	
וּלְשׁוֹאֵל,	
לְנוֹשֵׂא שָׂכָר	[or to] a paid watchman,
וּלְשׁוֹכֵר ־	
כּוּלָּן נִכְנְסוּ	that all enter
תַּחַת הַבְּעָלִים	

אֶלָּא תַּחְתָּיו דְּשׁוֹמֵר,	But [it must mean] in place of the watchman,
וְשׁוֹמֵר קַמָּא	
אִפְּטַר לֵיהּ לְגַמְרֵי.	is completely exempted.
לֵימָא	Let us say
תֶּיהֱוֵי תְּיוּבְתָּא דְּרָבָא,	it should be a question against רבא,
דְּאָמַר רָבָא:	
שׁוֹמֵר שֶׁמָּסַר לְשׁוֹמֵר ־	
חַיָּיב	
אָמַר לָךְ רָבָא:	רבא could say to you:
מַאי מְסָרוֹ לְרוֹעֶה?	“What [does it mean] he gave it over to a shepherd?
לְבַרְזִילֵיהּ,	To his apprentice (student),
דְּאוֹרְחֵיהּ דְּרוֹעֶה	
לְמִימְסַר לְבַרְזִילֵיהּ.	
אִיכָּא דְּאָמְרֵי:	There are those who say:
מִדְּקָתָנֵי	“Since it taught
מְסָרָהּ לְרוֹעֶה	
וְלֹא קָתָנֵי	
מְסָרָהּ לְאַחֵר,	he gave it to someone else,

we see from this (hear from this):	שְׁמַע מִינָּהּ:
What does it mean he gave it over to a shepherd?	מַאי מְסָרָהּ לְרוֹעֶה?
	מָסַר רוֹעֶה לְבַרְזִילֵיהּ,
that it is the manner of a shepherd	דְּאוֹרְחֵיהּ דְּרוֹעֶה
	לְמִימְסַר לְבַרְזִילֵיהּ,
but to [give them to] someone else -	אֲבָל לְאַחֵר -
	לֹא.
Shall we say	לֵימָא
[that] this is a proof (support) for רבא,	מְסַיֵּיע לֵיהּ לְרָבָא,
	דְּאָמַר רָבָא:
	שׁוֹמֵר שֶׁמָּסַר לְשׁוֹמֵר -
	חַיָּיב
They said:	אָמְרֵי:
	לֹא,
maybe	דִּלְמָא
it is [the משנה is] teaching the usual way of the matter,	אוֹרְחָא דְּמִילְּתָא קָתָנֵי,
and it is the same law	וְהוּא הַדִּין
	לְאַחֵר.

It was said:	אִיתְּמַר:
A watchman of a lost object -	שׁוֹמֵר אֲבֵידָה ־
	רַבָּה אָמַר:
"He is comparable to a free watchman,	כְּשׁוֹמֵר חִנָּם דָּמֵי,
	רַב יוֹסֵף אָמַר:
	כְּשׁוֹמֵר שָׂכָר דָּמֵי.
רבה said,	רַבָּה אָמַר:
	כְּשׁוֹמֵר חִנָּם דָּמֵי,
[because] what benefit	מַאי הֲנָאָה
does he receive?	קָא מָטֵי לֵיהּ?
	רַב יוֹסֵף אָמַר:
"He is comparable to a paid watchman,	כְּשׁוֹמֵר שָׂכָר דָּמֵי,
	בְּהַהִיא הֲנָאָה
that he does not need	דְּלֹא בָּעֵיא
to give bread	לְמֵיתְבֵי לֵיהּ רִיפְתָּא
	לְעַנְיָא
	הֲוֵי כְּשׁוֹמֵר שָׂכָר.
Some explain it like this:	אִיכָּא דִּמְפָרְשֵׁי הָכִי:

רַב יוֹסֵף אָמַר	רב יוסף said,
כְּשׁוֹמֵר שָׂכָר דָּמֵי,	
כֵּיוָן	
דְּרַחֲמָנָא שַׁעְבְּדֵיהּ	the תורה (Merciful One) obligated him
בְּעַל כּוֹרְחֵיהּ,	by force
הִלְכָּךְ	
כְּשׁוֹמֵר שָׂכָר דָּמֵי.	he is comparable to a paid watchman."
(סִימָן: הֶחֱזִירָהּ לְעוֹלָם הָשֵׁב חִיָּיא אָמְרַתְּ נִשְׁבַּר שָׂכָר)	
אֵיתֵיבֵיהּ רַב יוֹסֵף לְרַבָּה:	

הֶחֱזִירָהּ	[If] he returned it
לְמָקוֹם שֶׁיִּרְאֶנָּה ־	
אֵינוֹ חַיָּיב	
לְטַפֵּל בָּהּ,	to busy himself with it,
נִגְנְבָה	[if] it was stolen
אוֹ אָבְדָה ־	
חַיָּיב בְּאַחֲרָיוּתָהּ.	he is responsible for it (obligated for its responsibility).
מַאי	
נִגְנְבָה אוֹ אָבְדָה?	
לַאו	*Doesn't it mean*
נִגְנְבָה מִבֵּיתוֹ,	
וְאָבְדָה מִבֵּיתוֹ?	
לֹא,	No, [it means]
מִמָּקוֹם שֶׁהֶחֱזִירָהּ.	
וְהָא קָתָנֵי:	But it taught [in the ברייתא]:
אֵינוֹ חַיָּיב לִיטַּפֵּל בָּהּ!?	"He is not responsible to busy himself with it!?"
אָמַר לֵיהּ:	

"What are we dealing with here -	הָכָא בְּמַאי עַסְקִינָן -
for example *if* he returned it in the noontime -	כְּגוֹן שֶׁהֶחֱזִירָהּ בַּצָּהֳרַיִם –
and it is teaching two cases,	וְתַרְתֵּי קָתָנֵי,
	וְהָכִי קָתָנֵי:
	הֶחֱזִירָהּ שַׁחֲרִית
to a place where he will see it,	לְמָקוֹם שֶׁיִּרְאֶנָּה,
and [then] it is common	וּשְׁכִיחַ
that he goes in and out [of his house]	דְּעָיֵיל וְנָפִיק
and he will see it -	וְחָזֵי לָהּ -
	אֵינוֹ חַיָּיב לִיטַּפֵּל בָּהּ
	הֶחֱזִירָהּ בַּצָּהֳרַיִם
to a place where he will see it,	לְמָקוֹם שֶׁיִּרְאֶנָּה,
and [then] it is not common	דְּלֹא שְׁכִיחַ
	דְּעָיֵיל וְנָפִיק
that he will not see it,	דְּלֹא חָזֵי לָהּ,
	וְנִגְנְבָה אוֹ אָבְדָה -
	חַיָּיב בְּאַחֲרָיוּתָהּ.
A question was asked [on רבה by רב יוסף]:	אֵיתִיבֵיהּ:

he is always responsible	לְעוֹלָם הוּא חַיָּיב
until he returns it to his possession.	עַד שֶׁיַּחֲזִירֶנָּה לִרְשׁוּתוֹ.
What is [meant by] "always"?	מַאי לְעוֹלָם?
Doesn't it [mean]	לָאו
	אֲפִילוּ מִבֵּיתוֹ,
	שְׁמַע מִינָהּ:
that he is like a paid watchman (he is compared).	כְּשׁוֹמֵר שָׂכָר דָּמֵי
	אָמַר לֵיהּ:
"I concede (admit) to you	מוֹדֵינָא לָךְ
	בְּבַעֲלֵי חַיִּים,
that since they have taken	דְּכֵיוָן דְּנָקְטֵי לְהוּ
steps outside	נִיגְרָא בָּרַיְיתָא,
	בָּעֵי
an extra [level of] watching.	נְטִירוּתָא יְתֵירְתָא.
	אִיתֵיבֵיהּ רַבָּה לְרַב יוֹסֵף:
	(דְּבָרִים כ"ב)
"Return -"	הָשֵׁב -
I do not have [evidence]	אֵין לִי

	אֶלָּא בְּבֵיתוֹ,
to his garden and desolate building	לְגִינָּתוֹ וּלְחוּרְבָתוֹ
from where do I know [that he can return it]?	מִנַּיִן?
	תַּלְמוּד לוֹמַר:
"You shall return them -"	תְּשִׁיבֵם,
in any place.	מִכָּל מָקוֹם
What [does it mean]	מַאי
	לְגִינָּתוֹ וּלְחוּרְבָתוֹ?
If you say	אִילֵימָא
to his protected garden	לְגִינָּתוֹ הַמִּשְׁתַּמֶּרֶת
	וּלְחוּרְבָתוֹ הַמִּשְׁתַּמֶּרֶת,
	הַיְינוּ בֵּיתוֹ
But, it is obvious [that it means]	אֶלָּא פְּשִׁיטָא,
	לְגִינָּתוֹ
	שֶׁאֵינָהּ מִשְׁתַּמֶּרֶת
and to his desolate building	וּלְחוּרְבָתוֹ
which is not protected,	שֶׁאֵינָהּ מִשְׁתַּמֶּרֶת,
we see from this (hear from this):	שְׁמַע מִינָּהּ:

כְּשׁוֹמֵר חִנָּם דָּמֵי

אֲמַר לֵיהּ:

actually (always) [we can explain it to mean:]   לְעוֹלָם

לְגִינָתוֹ הַמִּשְׁתַּמֶּרֶת

וּלְחוּרְבָּתוֹ הַמִּשְׁתַּמֶּרֶת,

and that which is difficult to you: וּדְקָא קַשְׁיָא לָךְ:

הַיְינוּ בֵּיתוֹ,

this is telling you,   הָא קָא מַשְׁמַע לָן,

that you do not need   דְּלָא בְּעֵינָן

דַּעַת בְּעָלִים

כִּדְרַבִּי אֶלְעָזָר,

as רבי אלעזר said: דְּאָמַר רַבִּי אֶלְעָזָר:

הַכֹּל צְרִיכִין

the knowledge of the owner,   דַּעַת בְּעָלִים,

חוּץ מֵהֲשָׁבַת אֲבֵידָה,

for the תורה included   שֶׁהֲרֵי רִיבְּתָה בּוֹ תוֹרָה

many [types of] returnings.   הֲשָׁבוֹת הַרְבֵּה.

אֲמַר לֵיהּ אַבַּיֵי לְרַב יוֹסֵף:

"And do you not opine (have the opinion)	וְאַתְּ לֹא תִּסְבְּרָא
	דְּשׁוֹמֵר אֲבֵידָה
	כְּשׁוֹמֵר חִנָּם דָּמֵי?
But רבי' ח״א בר אבא said	וְהָא אָמַר רַבִּי חִיָּיא בַּר אַבָּא
[that] רבי' יוחנן said:	אָמַר רַבִּי יוֹחָנָן:
"One who claims a claim of a thief	הַטּוֹעֵן טַעֲנַת גַּנָּב
	בַּאֲבֵידָה ־
	מְשַׁלֵּם תַּשְׁלוּמֵי כֵּפֶל,
and if you think	וְאִי סַלְקָא דַּעְתָּךְ
	שׁוֹמֵר שָׂכָר הָוֵי,
why does he pay	אַמַּאי מְשַׁלֵּם
the double payment?	תַּשְׁלוּמֵי כֵּפֶל?
He needs to pay the principal (original amount)!	קַרְנָא בָּעֵי שְׁלוּמֵי!
	אָמַר לֵיהּ:
	הָכָא בְּמַאי עָסְקִינָן ־
for example [in a case] that he claims	כְּגוֹן שֶׁטּוֹעֵן
a claim of armed robbers.	טַעֲנַת לִסְטִים מְזוּיָּין.
	אָמַר לֵיהּ:

	לִיסְטִים מְזוּיָּין
are [considered] robbers (and do not pay כפל)!	גַּזְלָן הוּא
	אָמַר לֵיהּ,
for I say:	שֶׁאֲנִי אוֹמֵר:
	לִסְטִים מְזוּיָּין,
since they hide from people	כֵּיוָן דְּמִיטַּמַּר מֵאִינְשֵׁי
are considered thieves (and do pay כפל).	גַּנָּב הוּא.
	אֵיתֵיבֵיהּ:

לֹא,	
אִם אָמְרַתְּ	
בְּשׁוֹמֵר חִנָּם	[that this applies] by a free watchman
שֶׁכֵּן מְשַׁלֵּם	for he pays
תַּשְׁלוּמֵי כֵּפֶל,	the payment of כפל,
תֹּאמַר בְּשׁוֹמֵר שָׂכָר	[would] you say it by a paid watchman
שֶׁאֵינוֹ מְשַׁלֵּם	
תַּשְׁלוּמֵי כֵּפֶל?	
וְאִי סַלְקָא דַּעְתָּךְ	And if you think
לִסְטִים מְזוּיָּין	that armed robbers
גַּנָּב הוּא,	*are considered thieves* (and do pay כפל),
נִמְצָא	it comes out (is found)
בְּשׁוֹמֵר שָׂכָר	
מְשַׁלֵּם תַּשְׁלוּמֵי כֵּפֶל	
בְּטוֹעֵן	by one who claims
טַעֲנַת לִסְטִים מְזוּיָּין!?	a claim of armed robbers!?
אָמַר לֵיהּ,	

הָכִי קָאָמַר:	So it is saying:
לֹא,	
אִם אָמְרַתְּ	if you said [he is responsible for everything]
בְּשׁוֹמֵר חִנָּם	
שֶׁכֵּן מְשַׁלֵּם	for he pays
תַּשְׁלוּמֵי כֵּפֶל	
בְּכָל טַעֲנוֹתָיו,	in all of his claims,
תֹּאמַר	
בְּשׁוֹמֵר שָׂכָר	by a paid watchman
שֶׁאֵינוֹ מְשַׁלֵּם	that does not pay
תַּשְׁלוּמֵי כֵּפֶל	
אֶלָּא	
בְּטוֹעֵן	by one who claims
טַעֲנַת	
לִסְטִים מְזוּיָּין?	
אֵיתֵיבֵיהּ:	A question was asked:
(שמות כ"ב)	
וְנִשְׁבַּר	"And if it was broken

אוֹ מֵת –	
אֵין לִי	I do not have [proof]
אֶלָּא	
שְׁבוּרָה וּמֵתָה,	[a case in which] it broke or died,
גְנֵיבָה וַאֲבֵידָה	
מִנַּיִן?	
אָמְרַתְּ קַל וָחוֹמֶר:	You could say a קל וחומר [proof]:
וּמַה שׁוֹמֵר שָׂכָר	"And [what] is it about a paid watchman
שֶׁפָּטַר בּוֹ	
שְׁבוּרָה וּמֵתָה –	
חַיָּיב	he is responsible
בִּגְנֵיבָה וַאֲבֵידָה,	for theft and loss,
שׁוֹאֵל	
שֶׁחַיָּיב	
בִּשְׁבוּרָה וּמֵתָה –	for [a case in which] it broke or died -
אֵינוֹ דִין	is it not the law
שֶׁחַיָּיב	
בִּגְנֵיבָה וַאֲבֵידָה,	

וְזֶהוּ קַל וָחוֹמֶר	
שֶׁאֵין עָלָיו תְּשׁוּבָה	that does not have a refutation (a question against it).
וְאִי סַלְקָא דַעְתָּךְ	[אב"י asks] and if you think
לִסְטִים מְזוּיָּין	
גַּנָּב הוּא,	
אַמַּאי	why
אֵין עָלָיו תְּשׁוּבָה?	
אִיכָּא לְמִפְרַךְ:	There is what to ask:
מַה לְשׁוֹמֵר שָׂכָר,	
שֶׁכֵּן מְשַׁלֵּם	that he pays
תַּשְׁלוּמֵי כֶּפֶל	
בְּטוֹעֵן	by one who claims
טַעֲנַת	
לִסְטִים מְזוּיָּין!?	armed robbers!?
אָמַר לֵיהּ,	He said to him (אב"י),
קָסָבַר הַאי תַּנָּא:	
קַרְנָא	The principal (original amount)
בְּלֹא שְׁבוּעָה	

עֲדִיפָא	is more [of a strict rule]
מִכְּפֵילָא בִּשְׁבוּעָה.	than [paying] כפל with an oath.
לֵימָא	
מְסַיַּיע לֵיהּ:	there is support for him:
הַשּׂוֹכֵר פָּרָה מֵחֲבֵירוֹ	
וְנִגְנְבָה,	
וְאָמַר הַלָּה	and the other said,
הֲרֵינִי מְשַׁלֵּם	"I will pay
וְאֵינִי נִשְׁבָּע,	
וְאַחַר כָּךְ	and afterwards
נִמְצָא הַגַּנָּב ־	the thief was found -
מְשַׁלֵּם תַּשְׁלוּמֵי כֵּפֶל	he pays the payment of כפל
לַשּׂוֹכֵר.	
סְבָרוּהָ	They thought [that this ברייתא]
כְּרַבִּי יְהוּדָה,	is like רבי יהודה,
דְּאָמַר:	
שׂוֹכֵר	
כְּנוֹשֵׂא שָׂכָר דָּמֵי.	*is like a paid watchman.*

And since it taught:	וּמִדְּקָתָנֵי:
	וְאָמַר
I will pay	הֲרֵינִי מְשַׁלֵּם
	וְאֵינִי נִשְׁבָּע,
we see from here	מִכְּלָל
that if he wanted	דְּאִי בָּעֵי
he could have made himself פטור	פָּטַר לֵיהּ נַפְשֵׁיהּ
	בִּשְׁבוּעָה,
How is this?	הֵיכִי דָּמֵי?
	כְּגוֹן
that he claimed	דְּקָא טָעִין
	טַעֲנַת
armed robbers.	לִסְטִים מְזוּיָּין.
And it teaches:	וְקָתָנֵי:
"And afterwards	וְאַחַר כָּךְ
	נִמְצָא הַגַּנָּב ־
	מְשַׁלֵּם תַּשְׁלוּמֵי כֵּפֶל
to the renter.	לַשּׂוֹכֵר.

שְׁמַע מִינָּהּ:	We deduce (hear) from this:
לִסְטִים מְזוּיָּין	
גַּנָּב הוּא	
אָמְרֵי:	They said:
מִי סָבְרַתְּ	"Do you think
כְּרַבִּי יְהוּדָה	[that he opines (holds)] like רב' יהודה
דְּאָמַר:	
שׂוֹכֵר	a renter
כְּנוֹשֵׂא שָׂכָר דָּמֵי?	
דִּלְמָא	perhaps
כְּרַבִּי מֵאִיר סְבִירָא לֵיהּ,	he opines (holds)] like רב' מאיר
דְּאָמַר:	
שׂוֹכֵר	
כְּשׁוֹמֵר חִנָּם דָּמֵי.	is comparable to a free watchman.
אִיבָּעִית אֵימָא,	If you want [you can] say,
כִּדְמַחֲלִיף רַבָּה בַּר אֲבוּהַּ	as רבה בר אבוה reverses
וְתָנֵי:	and teaches:
שׂוֹכֵר	

	כֵּיצַד מְשַׁלֵּם?
רב׳ מאיר says:	רַבִּי מֵאִיר אוֹמֵר:
	כְּשׁוֹמֵר שָׂכָר,
רב׳ יהודה says:	רַבִּי יְהוּדָה אוֹמֵר:
	כְּשׁוֹמֵר חִנָּם.
רב׳ זירא said:	רַבִּי זֵירָא אָמַר:
What are we dealing with here -	הָכָא בְּמַאי עַסְקִינָן -
with one who claims	בְּטוֹעֵן
	טַעֲנַת
	לִסְטִים מְזוּיָּין,
and it is found [to be]	וְנִמְצָא
	לִסְטִים שֶׁאֵינוֹ מְזוּיָּין.
If it fell into a garden	נָפְלָה לַגִּינָּה
and it benefited -	וְנֶהֱנֵית -
	מְשַׁלֶּמֶת
	מַה שֶּׁנֶּהֱנֵית.
רב said:	אָמַר רַב:
"[We are speaking in a case] when it (was) hit [the produce].	בְּנֶחְבְּטָה.

	אֲבָל אָכְלָה,
even what it benefited	אֲפִילוּ מַה שֶּׁנֶּהֱנֵית
	אֵינָהּ מְשַׁלֶּמֶת?
Shall we say,	לֵימָא,
רב [is going] according to his reason,	רַב לְטַעֲמֵיהּ,
	דְּאָמַר רַב:
"It should not have eaten [it]."	הָיָה לָהּ שֶׁלֹּא תֹּאכַל.
They said:	אָמְרֵי:
"So, now [is this so],	הָכִי הַשְׁתָּא,
say	אֵימוֹר
that רב said [that he is exempt] over there,	דְּאָמַר רַב הָתָם,
	הָיָה לָהּ שֶׁלֹּא תֹּאכַל,
[is only] where it was harmed,	הֵיכָא דְּאִיתַּזְקָא הִיא,
	דְּמָצֵי אָמַר לֵיהּ
the owner of the produce:	מָרֵיהּ דְּפֵירֵי:
"I will not pay,	לֹא מְשַׁלֵּמְנָא,
	הָיָה לָהּ
	שֶׁלֹּא תֹּאכַל,

but for it to damage others	לְאַזּוּקֵי הִיא אַחֲרִינִי
that it is exempt from paying	דִּפְטִירָה לְשַׁלוּמֵי
	מִי אָמַר?
	אֶלָּא,

He was speaking [in the style of] *not only [but even]* -	לֹא מִבַּעְיָא קָאָמַר –
[it is] not necessary to say [if] it ate	לֹא מִבַּעְיָא אָכְלָה
	דְּמְשַׁלֶּמֶת
what it benefited,	מַה שֶׁנֶּהֱנֵית,
but [if] it was hit -	אֲבָל נֶחְבְּטָה ־
	אֵימָא
chasing away a lion	מַבְרִיחַ אֲרִי
from his fellow's property he is,	מִנִּכְסֵי חֲבֵירוֹ הוּא,
	וּמַה שֶׁנֶּהֱנֵית
also	נַמִי
	לֹא מְשַׁלֵּם,
[therefore] he comes to tell us [that he has to pay].	קָא מַשְׁמַע לָן.
But say,	וְאֵימָא
so too	הָכִי נַמִי
	מַבְרִיחַ אֲרִי
	מִנִּכְסֵי חֲבֵירוֹ
intentionally he is,	מִדַּעְתּוֹ הוּא,

הַאי	[but] this
לַאו מִדַּעְתּוֹ.	is not intentionally.
אִי נַמִּי,	
מַבְרִיחַ אֲרִי	
מִנִּכְסֵי חֲבֵירוֹ	from the property of his fellow
לֵית לֵיהּ פְּסֵידָא,	does not have a loss,
הַאי	
אִית לֵיהּ פְּסֵידָא.	
הֵיכִי נָפַל?	How did it fall?
רַב כַּהֲנָא אָמַר:	
שֶׁהוּחְלְקָה	"(That) it slipped
בְּמֵימֵי רַגְלֶיהָ.	on its urine."
רָבָא אָמַר:	
שֶׁדְּחָפַתָּה חֲבֶרְתָּהּ.	"(That) its fellow pushed it."
מַאן דְּאָמַר,	The one who says,
שֶׁדְּחָפַתָּה חֲבֶרְתָּהּ,	
כָּל שֶׁכֵּן	most certainly
שֶׁהוּחְלְקָה בְּמֵימֵי רַגְלֶיהָ	

	וּמַאן דְּאָמַר
that it slipped on its urine,	שֶׁהוּחְלְקָה בְּמֵימֵי רַגְלֶיהָ,
	אֲבָל
[if] its fellow pushed it	דְּחַפָתָה חֲבֶרְתָּה
[it is considered] that it was careless,	פָּשְׁעָה,
	וּמְשַׁלֶּמֶת
[that] which it damaged,	מַה שֶׁהִזִּיקָה,
	דְּאָמַר לֵיהּ:
"You needed to	אִיבָּעֵי לָךְ
take it over	עַבּוּרֵי
one [by] one."	חֲדָא חֲדָא.
	אָמַר רַב כָּהֲנָא:
"They did not teach [that his responsibility is limited]	לֹא שָׁנוּ
except in that row,	אֶלָּא בְּאוֹתָהּ עֲרוּגָה,
	אֲבָל מֵעֲרוּגָה לַעֲרוּגָה
it pays	מְשַׁלֶּמֶת
	מַה שֶׁהִזִּיקָה
And רבי יוחנן said:	וְרַבִּי יוֹחָנָן אָמַר:

אֲפִילוּ	
מֵעֲרוּגָה לַעֲרוּגָה,	
וַאֲפִילוּ	and even
כָּל הַיּוֹם כּוּלּוֹ –	[if it ate] the entire day -
עַד שֶׁתֵּצֵא	until it goes out
וְתַחֲזוֹר	
לָדַעַת.	with [his] knowledge."
אָמַר רַב פָּפָּא:	
לֹא תֵּימָא,	"Do not say,
עַד שֶׁתֵּצֵא לָדַעַת	'Until it goes out with [his] knowledge
וְתַחֲזוֹר לָדַעַת,	
אֶלָּא	
כֵּיוָן שֶׁיָּצְתָה לָדַעַת	since it went out with [his] knowledge
אַף עַל פִּי	even though
שֶׁחָזְרָה שֶׁלֹּא לָדַעַת,	
מַאי טַעְמָא?	What is the reason?
דְּאָמַר לֵיהּ:	
כֵּיוָן דְּיַלְפָא,	"Since it learned [that there is food there],

whenever	כָּל אֵימַת
it can slip away	דְּמִשְׁתַּמְטָא
it runs there."	לְהָתָם רָהֲטָא.
	יָרְדָה כְּדַרְכָּה
	וְהִזִּיקָה ־
it pays	מְשַׁלֶּמֶת
	מַה שֶׁהִזִּיקָה.
רב' יראיה asked:	בָּעֵי רַבִּי יִרְמְיָה:
	יָרְדָה כְּדַרְכָּה
	וְהִזִּיקָה
with amniotic fluid (birth water),	בְּמֵי לֵידָה,
	מַהוּ?
According to the one who said,	אַלִּיבָּא דְּמַאן דְּאָמַר,
"[If] its beginning was careless	תְּחִלָּתוֹ בִּפְשִׁיעָה
and its end was [an unavoidable] accident	וְסוֹפוֹ בְּאוֹנֶס
	חַיָּיב
you should not have a question,	לֹא תִּיבָּעֵי לָךְ,
when should you have a question -	כִּי תִּיבָּעֵי לָךְ ־

according to the one who says	אַלִיבָּא דְּמַאן דְּאָמַר
	תְּחִלָּתוֹ בִּפְשִׁיעָה
and its end was [an unavoidable] accident	וְסוֹפוֹ בְּאוֹנֶס
	פָּטוּר,
what [is the הלכה]?	מַאי?
	מִי אָמְרִינָן:
	כֵּיוָן
(that) its beginning was careless	דִּתְחִלָּתוֹ בִּפְשִׁיעָה
	וְסוֹפוֹ בְּאוֹנֶס ־
	פָּטוּר,
or maybe -	אוֹ דִלְמָא –
	הָכָא
	כּוּלָּה בִּפְשִׁיעָה הוּא,
(that) since	דְּכֵיוָן
that he saw	דְּקָא חֲזֵי
	דִּקְרִיבָה לָהּ לְמֵילַד,
he should have watched it	אִיבָּעֵי לֵיהּ לְנַטּוּרָהּ

and been careful with it?	וּלְאִסְתְּמוּרֵי בְּגַוָּהּ?
It remains unresolved.	תֵּיקוּ.
	כֵּיצַד
does it pay	מְשַׁלֶּמֶת
	מַה שֶּׁהִזִּיקָה וכו'.
From where [do we know] these words?	מְנָא הָנֵי מִילֵּי?
רב מתנה said,	אָמַר רַב מַתְּנָה,
	דְּאָמַר קְרָא:
	(שמות כ"ב)
'and it consumes	וּבִעֵר
	בִּשְׂדֵה אַחֵר,
	מְלַמֵּד,
that they evaluate	שֶׁשָּׁמִין
by comparison to	עַל גַּב
	שָׂדֶה אַחֵר.
[But] This,	הַאי

"and it consumes (eats)	וּבִעֵר
	בִּשְׂדֵה אַחֵר
is needed	מִבָּעֵי לֵיה
to exclude public property!?	לְאַפּוּקֵי רְשׁוּת הָרַבִּים!?
	אִם כֵּן,
the Merciful One should have written,	לִכְתּוֹב רַחֲמָנָא
	וּבִעֵר בִּשְׂדֵה חֲבֵירוֹ,
or also	אִי נַמִי
another field,	שָׂדֶה אַחֵר,
	מַאי בִּשְׂדֵה אַחֵר?
That they evaluate	שֶׁשָּׁמִין
by comparison to	עַל גַּב
	שָׂדֶה אַחֵר.
But say:	וְאֵימָא:
All of the פָּסוּק (it)	כּוּלֵיה
comes for this,	לְהָכִי הוּא דְּאָתָא,
to exclude	לְאַפּוּקֵי

	רְשׁוּת הָרַבִּים
from where [do we know this]?	מְנָלָן?
	אִם כֵּן,
let the Merciful One write it,	לִכְתְּבֵיהּ רַחֲמָנָא
by payment,	גַּבֵּי תַשְׁלוּמִין
	(שמות כ״ב)
	מֵיטַב שָׂדֵהוּ
and the best of his vineyard he shall pay,"	וּמֵיטַב כַּרְמוֹ יְשַׁלֵּם,״
	בְּשָׂדֶה אַחֵר,
why did the Merciful One write it	לָמָּה לִי דִּכְתְבֵיהּ רַחֲמָנָא
by "and it consumes (eats)"?	גַּבֵּי וּבִעֵר?
We hear both (two) from this.	שְׁמַע מִינָּהּ תַּרְתֵּי.
How do we evaluate [the payment]?	הֵיכִי שַׁיְימִינַן?
	אָמַר רַבִּי יוֹסֵי בַּר חֲנִינָא:
"A בית סאה	סְאָה
out of sixty בתי סאה."	בְּשִׁשִּׁים סְאִין
	רַבִּי יַנַּאי אָמַר:

תַּרְקַב	“A בית תרקב
בְּשִׁשִּׁים תַּרְקַבִּים	
חִזְקִיָּה אָמַר:	חזקיה said:
קֶלַח	“A stalk
בְּשִׁשִּׁים קְלָחִים.	
מֵיתִיבֵי:	A question was asked:
אָכְלָה קַב	If it ate a קב [of produce]
אוֹ קַבַּיִים,	
אֵין אוֹמְרִים	
תְּשַׁלֵּם דְּמֵיהֶן,	it shall pay their value,
אֶלָּא	
רוֹאִין אוֹתָהּ	we look at it
כְּאִילוּ הִיא	
עֲרוּגָה קְטַנָּה	a small row,
וּמְשַׁעֲרִים אוֹתָהּ.	and we evaluate it.
מַאי לָאו	*Isn't this*
בִּפְנֵי עַצְמָהּ?	by itself?

	לֹא,
	בְּשִׁשִּׁים.
The רבנן taught:	תָּנוּ רַבָּנָן:
	אֵין שָׁמִין קַב -
because it benefits him,	מִפְּנֵי שֶׁמַּשְׁבִּיחוֹ,
	וְלֹא בֵּית כּוֹר -
because it *makes him lose.*	מִפְּנֵי שֶׁפּוֹגְמוֹ.
What is it saying?	מַאי קָאָמַר?
	אָמַר רַב פָּפָּא,
	הָכִי קָאָמַר:
We do not evaluate a בית כר	אֵין שָׁמִין קַב
	בְּשִׁשִּׁים קַבִּים -
because it benefits the damager,	מִפְּנֵי שֶׁמַּשְׁבִּיחַ מַזִּיק,
and not a בית קב	וְלֹא כּוֹר
	בְּשִׁשִּׁים כּוֹרִין -
because it makes the damager lose.	מִפְּנֵי שֶׁפּוֹגֵם מַזִּיק.
רב הונא בר מנוח asked a hard question on this:	מַתְקִיף לָהּ רַב הוּנָא בַּר מָנוֹחַ:

This [statement]	הַאי
	וְלֹא בֵּית כּוֹר,
	וְלֹא כּוֹר
it needed to say!?	מִבָּעֵי לֵיהּ
	אֶלָּא
	אָמַר רַב הוּנָא בַּר מָנוֹחַ
in the name of רב אחא	מִשְּׁמֵיהּ דְּרַב אַחָא
son of רב איקא,	בְּרֵיהּ דְּרַב אִיקָא,
So it is teaching:	הָכִי קָתָנֵי:
	אֵין שְׁמִין קַב
by itself -	בִּפְנֵי עַצְמוֹ -
	מִפְּנֵי
it benefits the damaged person,	שֶׁמַּשְׁבִּיחַ נִיזָּק,
	וְלֹא קַב
in a בית כור -	בְּבֵית כּוֹר -
	מִפְּנֵי
it makes the damaged person lose,	שֶׁפּוֹגֵם נִיזָּק,

	אֶלָּא בְּשִׁשִּׁים.
	הַהוּא גַּבְרָא
who cut down a palm tree	דְּקָץ קַשְׁבָּא
	מֵחַבְרֵיהּ.
He came before the Exilarch -	אָתָא לְקַמֵּיהּ דְּרֵישׁ גָּלוּתָא –
	אָמַר לֵיהּ:
"I saw it,	לְדִידִי חָזֵי לִי,
and it was one of three	וּתְלָתָא תָּאלָתָא
that were standing in a group,	בְּקִינָא הֲווּ קַיְימֵי
	וַהֲווּ שָׁווּ
	מְאָה זוּזֵי.
Go,	זִיל,
give him	הַב לֵיהּ
thirty-three and one third זוזים.	תְּלָתִין וּתְלָתָא וְתִילְתָּא.
	אָמַר:
	גַּבֵּי רֵישׁ גָּלוּתָא
who judges [according to] the law of the Persians	דְּדָאֵין דִּינָא דְּפַרְסָאָה

why do I [need to go]!?	לָמָּה לִי!?
	אָתָא לְקַמֵּיהּ
(of) רב נחמן,	דְּרַב נַחְמָן,
	אָמַר לֵיהּ:
	בְּשִׁשִּׁים.
רבא said to him:	אָמַר לֵיהּ רָבָא:
	אִם אָמְרוּ
by damages [done by] his possessions,	בְּנִזְקֵי מָמוֹנוֹ,
	יֹאמְרוּ
by damages [done by] his body?	בְּנִזְקֵי גּוּפוֹ?
אביי said to רבא:	אָמַר לֵיהּ אַבַּיֵי לְרָבָא:
	בְּנִזְקֵי גּוּפוֹ
what is your thinking?	מַאי דַּעְתָּיךְ?
	דְּתַנְיָא:
If someone destroys	הַמַּבְכִּיר
	כַּרְמוֹ שֶׁל חֲבֵירוֹ
when it is budding,	סְמָדַר,

רוֹאִין אוֹתוֹ	
כַּמָּה הָיְתָה יָפָה	how much it was worth
קוֹדֶם לָכֵן	before this [damage],
וְכַמָּה הִיא יָפָה	
לְאַחַר מִכָּאן,	
וְאִילוּ בְּשִׁשִּׁים	but [compared to] sixty
לֹא קָתָנֵי.	
אָטוּ	But,
גַּבֵּי בְּהֶמְתּוֹ	
נַמִּי	also
מִי לֹא תַּנְיָא	
כִּי הַאי גַּוְונָא?	like this thing?
דְּתַנְיָא:	
קָטְמָה נְטִיעָה ־	If it broke a young tree -
רַבִּי יוֹסֵי אוֹמֵר,	
גּוֹזְרֵי גְּזֵירוֹת שֶׁבִּירוּשָׁלַיִם אוֹמְרִים:	those who make decrees in ירושלים say:
נְטִיעָה בַּת שְׁנָתָהּ ־	[For] a tree in its first year -

שְׁתֵּי כֶסֶף,

בַּת שְׁתֵּי שָׁנִים ־

אַרְבָּעָה כֶסֶף.

אָכְלָה חָזִיז ־   If he ate newly sprouted grain -

רַבִּי יוֹסֵי הַגְּלִילִי אוֹמֵר:

נִידּוֹן   "We judge

בַּמְשׁוּיָּיר שֶׁבּוֹ,   by what is left in it (that field),

וַחֲכָמִים אוֹמְרִים:

רוֹאִין אוֹתָהּ

כַּמָּה הָיְתָה יָפָה   how much it was worth

וְכַמָּה הִיא יָפָה

5767\DW\G-BK-6-NIK-ASIS.dwd   *Rabbi N. Eisemann - Torah Academy of Philadelphia*   **PAGE #61**

אָכְלָה סְמָדַר ־	If it ate budding grapes -
רַבִּי יְהוֹשֻׁעַ אוֹמֵר:	
רוֹאִין אוֹתָן	"We look at them
כְּאִילוּ הֵן עֲנָבִים	
עוֹמְדוֹת לִיבָּצֵר,	ready (standing) to be picked,
וַחֲכָמִים אוֹמְרִים:	And the חכמים say,
רוֹאִין	
כַּמָּה הָיְתָה יָפָה	how much the land (it) was worth
וְכַמָּה הִיא יָפָה,	
רַבִּי שִׁמְעוֹן בֶּן יְהוּדָה אוֹמֵר	רבי שמעון בן יהודה says
מִשּׁוּם רַבִּי שִׁמְעוֹן:	in the name of רבי שמעון,
בַּמֶּה דְּבָרִים אֲמוּרִים?	"In what case were these words said?
בִּזְמַן שֶׁאָכְלָה	
לוּלְבֵי גְּפָנִים	shoots of grapevines
וְיִחוּרֵי תְּאֵנִים,	or shoots of fig trees,
אֲבָל	
אָכְלָה פַּגִּים	[if] it ate half-ripe figs

אוֹ בּוֹסֶר,	or half-ripe grapes,
רוֹאִין אוֹתָן	
כְּאִילוּ	as if
עֲנָבִים	
עוֹמְדוֹת לִיבָּצֵר.	ready (standing) to be picked."
קָתָנֵי מִיהַת,	In any event, it taught,
וַחֲכָמִים אוֹמְרִים:	"And the חכמים say:
רוֹאִין אוֹתָן	
כַּמָּה הָיְתָה יָפָה	how much the land (it) was worth
וְכַמָּה הִיא יָפָה,	
וְלֹא קָתָנֵי	
בְּשִׁשִּׁים.	[that it is evaluated] as sixty [times as much].
אֶלָּא	
מַאי אִית לָךְ לְמֵימַר?	what can you say?
בְּשִׁשִּׁים,	[It means that it is evaluated] as sixty [times as much],
הָכָא נַמִּי	here too
בְּשִׁשִּׁים.	
אָמַר אַבַּיֵי:	

רַבִּי יוֹסֵי הַגְּלִילִי	רב׳ יוסי הגלילי
וְרַבִּי יִשְׁמָעֵאל	and רב׳ ישמעאל
אָמְרוּ דָּבָר אֶחָד.	
רַבִּי יוֹסֵי הַגְּלִילִי,	רב׳ יוסי הגלילי,
הָא דַּאֲמָרָן.	that is which was said.
רַבִּי יִשְׁמָעֵאל,	
דְּתַנְיָא:	
(שמות כ״ב)	
מֵיטַב שָׂדֵהוּ	“The best of his field
וּמֵיטַב כַּרְמוֹ	and the best of his vineyard
יְשַׁלֵּם ·	
מֵיטַב שָׂדֵהוּ	
שֶׁל נִיזָּק	of the damaged person
וּמֵיטַב כַּרְמוֹ	
שֶׁל נִיזָּק,	
דִּבְרֵי רַבִּי יִשְׁמָעֵאל;	these are the words of רב׳ ישמעאל;
רַבִּי עֲקִיבָא אוֹמֵר:	
לֹא בָּא הַכָּתוּב	“The פסוק does not *come*

אֶלָּא	
לִגְבּוֹת לְנִיזָּקִין	[to establish the הלכה] to collect for those who were damaged
מִן הָעִידִּית,	from the best land,
וְקַל וָחוֹמֶר	
לְהֶקְדֵּשׁ.	
וְלֹא תֵּימָא	And do not say
כְּרַב אִידִי בַּר אָבִין,	[that רבי ישמעאל meant] like רב אידי בר אבין,
דְּאָמַר רַב אִידִי בַּר אָבִין:	
כְּגוֹן שֶׁאָכְלָה	
עֲרוּגָה בֵּין הָעֲרוּגוֹת,	a row between the rows,
וְלֹא יָדְעִינַן	
אִי כְּחוּשָׁה הֲוַאי	if it was a lean (unfertile) one
אִי שְׁמֵינָה הֲוַאי,	[or] if it was a rich (fertile) one,
דְּאָמַר	
קוּם שַׁלֵּים שְׁמֵינָה	'*Go* pay [for a] rich [row]
בְּמֵיטָב	of the best
דְּאִיכָּא הַשְׁתָּא,	which there is now,'
דְּהָכִי לֹא אַמְרִינָן,	

מַאי טַעֲמָא?	
הַמּוֹצִיא מֵחֲבֵירוֹ	One who [wants to] take from his fellow
עָלָיו הָרְאָיָה!?	on him [is the obligation to bring] the proof!?
אֶלָּא	
בְּמֵיטָב	
דִּלְקַמֵּיהּ,	which will be later,
וּמַאי נִיהוּ?	
כִּי הֵיאַךְ	like when it is
דְּסָלִיק.	harvested (taken away).
אָמַר מַר,	The חכם said [previously],
רַבִּי שִׁמְעוֹן בֶּן יְהוּדָה אוֹמֵר	
מִשּׁוּם רַבִּי שִׁמְעוֹן:	in the name of רב' שמעון:
בַּמֶּה דְּבָרִים אֲמוּרִים ־	
שֶׁאָכְלָה לוּלְבֵי גְּפָנִים	if it ate shoots of grapevines
וְיִחוּרֵי תְּאֵנִים.	
הָא סְמָדַר ־	But budding grapes -
רוֹאִין אוֹתָן	
כְּאִילוּ עֲנָבִים	

ready (standing) to be picked.	עוֹמְדוֹת לִיבָּצֵר
Say the end [רב' שמעון בר יהודה said,]	אֵימָא סֵיפָא:
If it ate half-ripe figs	אָכְלָה פַּגִּים
or half-ripe grapes -	אוֹ בּוֹסֶר -
in that case it is	הוּא
that we look at them	דְּרוֹאִין אוֹתָן
	כְּאִילוּ
	עֲנָבִים
	עוֹמְדוֹת לִיבָּצֵר,
but [in the case of] budding grapes -	הָא סְמָדַר -
	רוֹאִין אוֹתָן
how much it is worth	כַּמָּה הִיא יָפָה
	וְכַמָּה הָיְתָה יָפָה
רבינא said,	אָמַר רָבִינָא,
"Bundle them together and teach:	כְּרוֹךְ וְתָנֵי:
"In what [case] are these words said -	בַּמֶּה דְּבָרִים אֲמוּרִים -
	בִּזְמַן שֶׁאָכְלָה
	לוּלְבֵי גְּפָנִים

or shoots of fig trees,	וְיִחוּרֵי תְאֵנִים,
	אֲבָל אָכְלָה
budding grapes,	סְמָדַר,
half ripe figs,	פַּגִין,
	אוֹ בּוֹסֶר,
	רוֹאִין אוֹתָן
as if [they were]	כְּאִילוּ
grapes	עֲנָבִים
	עוֹמְדוֹת לִיבָּצֵר.
	אִי הָכִי,
רב' שמעון בן יהודה	רַבִּי שִׁמְעוֹן בֶּן יְהוּדָה
is [saying the same as] רב' יהושע!?	הַיְינוּ רַבִּי יְהוֹשֻׁעַ!?
	אִיכָּא בֵּינַיְיהוּ
the weakening of the vine -	כְּחַשׁ גּוּפְנָא –
but it is not specified [which says what].	וְלֹא מְסַיְּימֵי.
	אַבַּיֵי אָמַר:
"It is certainly specified [in a different place] -	מְסַיְּימֵי וּמְסַיְּימֵי, ־
	מַאן תָּנָא

דְּחָיֵישׁ	who is concerned about (suspects)
לְכַחַשׁ גוּפְנָא?	(for) weakening of the vine?
רַבִּי שִׁמְעוֹן בֶּן יְהוּדָה הִיא	It is רב' שמעון בן יהודה,
דְּתַנְיָא,	
רַבִּי שִׁמְעוֹן בֶּן יְהוּדָה אוֹמֵר	רב' שמעון בן יהודה says
מִשּׁוּם רַבִּי שִׁמְעוֹן בֶּן מְנַסְיָא:	in the name of רב' שמעון בן מנסיא:
אוֹנֵס	"One who defiles by force (he forced a woman to live with him)
אֵינוֹ מְשַׁלֵּם	
אֶת הַצַּעַר,	[for] the pain,
מִפְּנֵי	
שֶׁסּוֹפָהּ לְהִצְטַעֵר	ultimately (in the end) she would have been pained
תַּחַת בַּעְלָהּ,	*by* her husband."
אָמְרוּ לוֹ:	
אֵינוֹ דּוֹמֶה	It is not the same
נִבְעֶלֶת בְּרָצוֹן	one who cohabits (lives with a man) willingly
לְנִבְעֶלֶת בְּאוֹנֶס.	
אָמַר אַבַּיֵי:	אביי said,
הָנֵי תַּנָּאֵי	

וְרַבִּי שִׁמְעוֹן בֶּן יְהוּדָה	רב' שמעון בן יהודה and
אָמְרוּ דָּבָר אֶחָד.	
רַבִּי שִׁמְעוֹן בֶּן יְהוּדָה,	רב' שמעון בן יהודה,
הָא דַּאֲמָרָן.	is that which we said.
הָנֵי תַּנָּאֵי	
מַאי הִיא?	what is it [referring to]?
דְּתַנְיָא,	
רַבִּי יוֹסֵי אוֹמֵר:	
נַכֵּי חַיָּה.	"Deduct [the payment] for a midwife."
בֶּן עַזַּאי אוֹמֵר:	
נַכֵּי מְזוֹנוֹת.	"Deduct [the payment] for [extra] food."
מַאן דְּאָמַר,	[According to] the one who says,
נַכֵּי חַיָּה;	
כָּל שֶׁכֵּן,	
נַכֵּי מְזוֹנוֹת;	
וּמַאן דְּאָמַר	
נַכֵּי מְזוֹנוֹת;	"Deduct [the payment] for [extra] food;"
אֲבָל נַכֵּי חַיָּה	but [to] "deduct [the payment] for a midwife."

לֹא,	
דְּאָמַר לֵיהּ:	
אִתְּתָא דִּידִי	"My wife
פַּקִּיחָא הִיא	is an expert,
וְלֹא מִבָּעֲיָא חַיָּה.	and she does not need a midwife."
רַב פָּפָּא	
וְרַב הוּנָא בְּרֵיהּ דְּרַב יְהוֹשֻׁעַ	
עֲבוּד עוּבְדָא	*ruled in a case*
כְּוָותֵיהּ דְּרַב נַחְמָן	according to רב נחמן -
בְּשִׁשִּׁים.	
לִישָּׁנָא אַחֲרִינָא:	Another version:
רַב פָּפָּא	רב פפא
וְרַב הוּנָא בְּרֵיהּ דְּרַב יְהוֹשֻׁעַ	and רב הונא בריה דרב יהושע
שָׁמוּ דִּקְלָא	evaluated a date-palm
אַגַּב	in connection with
קְטִינָא דְּאַרְעָא.	a small portion of land (sufficient for 60 trees).
וְהִלְכְתָא	
כְּוָותֵיהּ דְּרַב פָּפָּא	

רב הונא בריה דרב יהושע and	וְרַב הוּנָא בְּרֵיהּ דְּרַב יְהוֹשֻׁעַ
	בְּדִקְלָא דְּאַרְמָאָה,
	וְהִלְכְתָא
according to the exilarch (head of the Jews in exile)	כְּוָותֵיהּ דְּרֵישׁ גָּלוּתָא
	בְּדִקְלָא פַּרְסָאָה.
אליעזר the Younger	אֱלִיעֶזֶר זְעֵירָא

5767\DW\G-BK-6-NIK-ASIS.dwd   *Rabbi N. Eisemann - Torah Academy of Philadelphia*   **PAGE #72**

was wearing	הֲוָה סָיֵים
black shoes	מְסָאנֵי אוּכְמֵי
	וְקָאֵי
	בְּשׁוּקָא דִּנְהַרְדְּעָא,
the officials (the members of the household) of the Exilarch found him	אַשְׁכְּחוּהוּ דְּבֵי רֵישׁ גָּלוּתָא
	וְאָמְרוּ לֵיהּ:
What is different [that you wear]	מַאי שְׁנָא
these shoes?	הָנֵי מְסָאנֵי?
	אָמַר לְהוּ:
That I am mourning over ירושלים.	דְּקָא מִאַבִּילְנָא אִירוּשָׁלַיִם.
	אָמְרוּ לֵיהּ:
[Are] you [so] important	אַתְּ חֲשִׁיבַתְּ
	לְאִיתְאַבּוּלֵי אַיְרוּשָׁלַיִם?
	סָבוּר
it was haughtiness;	יוֹהֲרָא הֲוָה;
[so] they took him and imprisoned him.	אַתְיוּהַ וְחַבְשׁוּהַ.
	אָמַר לְהוּ:
	גַּבְרָא רַבָּה אֲנָא,
They said to him,	אָמְרוּ לֵיהּ:

מְנָא יַדְעִינַן?	"From where can we know?"
אָמַר לְהוּ:	
אוֹ אַתּוּן	
בָּעוּ מִינַּאי מִילְּתָא,	ask something of me,
אוֹ אֲנָא	or I
אֶיבְעֵי מִינַּיְיכוּ מִילְּתָא,	
אָמְרוּ לֵיהּ:	They said to him:
בְּעֵי אַתְּ.	
אָמַר לְהוּ:	
הַאי מַאן	"This person
דְּקָץ כּוּפְרָא,	who cuts down budding dates,
מַאי מְשַׁלֵּם?	
אָמְרוּ לֵיהּ:	They said to him:
מְשַׁלֵּם דְּמֵי כּוּפְרָא.	
וְהָא הָווּ תַּמְרֵי	But *will they not* become dates!?"
אָמַר לֵיהּ:	
מְשַׁלֵּם דְּמֵי תַּמְרֵי.	"He pays the value of dates."
אָמַר לְהוּ:	
וְהָא	

לַאו תַּמְרֵי שָׁקַל מִינֵּיהּ!?	he didn't take dates from him!?"
אָמְרוּ לֵיהּ:	
אֵימָא לָן אַתְּ,	
אָמַר לְהוּ:	He said to them:
בְּשִׁשִּׁים.	"[It us evaluated in relationship to a field] sixty [times the size]."
אָמְרוּ לֵיהּ:	
מַאן אָמַר כְּוָותָיךְ?	
אָמַר לְהוּ:	He said to them:
הָא שְׁמוּאֵל חַי	"But שמואל is alive
וּבֵית דִּינוֹ קַיָּים.	
שַׁדַּרוּ קַמֵּיהּ דִּשְׁמוּאֵל,	They sent it (the question) in front of שמואל,
אָמַר לְהוּ:	
שַׁפִּיר קָאָמַר לְכוּ	"He told you well -
בְּשִׁשִּׁים,	
וְשַׁבְקוּהוּ.	and they left him [alone].
רַבִּי שִׁמְעוֹן אוֹמֵר:	
אָכְלָה פֵּירוֹת גְּמוּרִים כו'.	If it ate ripe (complete) produce etc.
מַאי טַעְמָא?	
הָא דְּאָמַר רַחֲמָנָא	That which the Merciful One said [in the תורה],

(שמות כ״ב)

"And it consumes (eats) it the field of another" -	וּבִעֵר בִּשְׂדֵה אַחֵר ־
	מְלַמֵּד
that we evaluate [it]	שֶׁשָּׁמִין
in connection with the field.	עַל גַּב הַשָּׂדֶה.
These words [are stated in regard to]	הָנֵי מִילֵּי
something that needs the field,	מִידִי דִּצְרִיךְ לְשָׂדֶה,
	הָנֵי
	כֵּיוָן דְּלֹא צְרִיכֵי לְשָׂדֶה ־
in their actuality (as they are)	בְּעֵינַיְיהוּ
he must pay.	בָּעֵי שְׁלוּמֵי.
רב הונא בר חייא said	אָמַר רַב הוּנָא בַּר חִיָּיא
[that] רב ירמיה בר אבא said:	אָמַר רַב יִרְמְיָה בַּר אַבָּא:
"רב judged [a different case] like רבי מאיר,	דָּן רַב כְּרַבִּי מֵאִיר,
and he established the הלכה like רבי שמעון."	וּפָסַק הִלְכְתָא כְּרַבִּי שִׁמְעוֹן.
	דָּן רַב כְּרַבִּי מֵאִיר,
as is taught in a ברייתא:	דְּתַנְיָא:
	כָּתַב לָרִאשׁוֹן
and his wife (she) did not sign for him,	וְלֹא חָתְמָה לוֹ,

לַשֵּׁנִי	
וְחָתְמָה לוֹ -	
אָבְדָה כְּתוּבָּתָהּ,	she has forfeited (lost) her כתובה,"
דִּבְרֵי רַבִּי מֵאִיר,	these are the words of רב' מאיר,
רַבִּי יְהוּדָה אוֹמֵר:	
יְכוֹלָה הִיא שֶׁתֹּאמַר	
נַחַת רוּחַ	'A pleasure
עָשִׂיתִי לְבַעְלִי,	
אַתֶּם	
מַה לָּכֶם עָלַי.	what [claim] do you have upon me!?'"
וּפָסַק הִלְכְתָא כְּרַבִּי שִׁמְעוֹן,	
כִּי הָא דִּתְנַן,	
רַבִּי שִׁמְעוֹן אוֹמֵר:	רב' שמעון says,
אָכְלָה פֵּירוֹת גְּמוּרִין	"If it ate ripe (complete) produce
מְשַׁלֶּמֶת פֵּירוֹת גְּמוּרִין,	
אִם סְאָה -	if [it is] a סאה -
סְאָה,	
אִם סָאתַיִם -	
סָאתַיִם.	[he pays] two סאה."

* משנה *

One who stacks [grain]	הַמַּגְדִּישׁ
	בְּתוֹךְ שְׂדֵה חֲבֵירוֹ
	שֶׁלֹּא בִּרְשׁוּת,
and the animal of the field's owner ate them -	וַאֲכָלָתַן בְּהֶמְתּוֹ שֶׁל בַּעַל הַשָּׂדֶה -
	פָּטוּר,
	וְאִם הוּזְקָה בָּהֶן -
the owner of the grain stack is obligated [to pay],	בַּעַל הַגָּדִישׁ חַיָּיב,
but if he had permission to stack [the grain] -	וְאִם הִגְדִּישׁ בִּרְשׁוּת -
	בַּעַל הַשָּׂדֶה חַיָּיב.

* גמרא *

Shall we say	לֵימָא,
that our משנה teaches not in accordance with (not like) רב׳,	תְּנַן דְּלָא כְּרַבִּי,
	דְּאִי כְּרַבִּי,
	הָאָמַר:
"Until the owner accepts upon himself	עַד שֶׁיְּקַבֵּל עָלָיו בַּעַל הַבַּיִת
	לִשְׁמוֹר.
רב פפא said:	אָמַר רַב פָּפָּא:
	הָכָא

with the watchman of the granary	בְּנָטַר בֵּי דָרֵי
we are dealing,	עַסְקִינָן,
that since	דְּכֵיוָן
	דְּאָמַר לֵיהּ
	עַיֵּיל וּגְדוֹשׁ,
[it is like he said,] bring it up and I will watch it for you (it is)."	עַיֵּיל וְאֶנְטַר לָךְ הוּא.

*** משנה ***

One who sends (the) fire	הַשּׁוֹלֵחַ אֶת הַבְּעֵרָה
	בְּיַד
a deaf person,	חֵרֵשׁ
a mentally deficient person,	שׁוֹטֶה
	וְקָטָן -
is exempt *under* the laws of man,	פָּטוּר בְּדִינֵי אָדָם
	וְחַיָּיב בְּדִינֵי שָׁמַיִם.
	שָׁלַח
in the hand of an intelligent person -	בְּיַד פִּקֵּחַ -
	הַפִּקֵּחַ חַיָּיב.
[If] one brought the fire	אֶחָד הֵבִיא אֶת הָאוּר
	וְאֶחָד הֵבִיא אֶת הָעֵצִים -

the one who brought the wood	הַמֵּבִיא אֶת הָעֵצִים
	חַיָּיב,
	אֶחָד הֵבִיא אֶת הָעֵצִים
and one brought the fire -	וְאֶחָד הֵבִיא אֶת הָאוּר -
	הַמֵּבִיא אֶת הָאוּר
	חַיָּיב.
[If] another person came	בָּא אַחֵר
and blew [on it] -	וְלִיבָּה -
	הַמְלַבֶּה חַיָּיב,
[but] if the wind blew it -	לִיבַּתָּה הָרוּחַ -
	כּוּלָּן פְּטוּרִין.

*** גמרא ***

	אָמַר רֵישׁ לָקִישׁ
in the name of חזקיה:	מִשְּׁמֵיהּ דְּחִזְקִיָּה:
They did not teach [this הלכה]	לֹא שָׁנוּ
except where he gave him a coal	אֶלָּא שֶׁמָּסַר לוֹ גַּחֶלֶת
	וְלִיבָּה,
	אֲבָל
[if] he gave him a flame -	מָסַר לוֹ שַׁלְהֶבֶת -

חַיָּיב.	he is ח"ב.
מַאי טַעְמָא?	
מַעֲשָׂיו	
קָא גָּרְמוּ לוֹ	caused [the damage] (to happen to it)."
וְרַבִּי יוֹחָנָן אָמַר:	and רב' יוחנן said:
אֲפִילוּ	
מָסַר לוֹ שַׁלְהֶבֶת ־	
פָּטוּר,	he is פטור.
מַאי טַעְמָא?	
צְבָתָא דְּחֵרֵשׁ	The grasp of the deaf [person]
גָּרְמָה לוֹ.	
וְלֹא מִחַיֵּיב	
עַד שֶׁיִּמְסוֹר לוֹ	until he gives him
גְּוָוזָא,	thorns,

chips of wood,	**סִלְתָא,**
and a flame,	**שְׁרָגָא,**
because *in such a case*	**דְּהָהוּא**
	וַדַּאי
his actions caused it."	**מַעֲשֶׂה דִּידֵיהּ גָּרְמוּ.**
	שָׁלַח בְּיַד פִּקֵּחַ –
the intelligent person is ח"ב etc.	**הַפִּקֵּחַ חַיָּיב וכו'.**
רב נחמן בר יצחק said:	**אָמַר רַב נַחְמָן בַּר יִצְחָק:**
The one who taught [the version of]	**מַאן דְּתָנֵי**
"ליבה (blew)"	**לִיבָּה**
is not in error	**לֹא מִשְׁתַּבֵּשׁ**
	וּמַאן דְּתָנֵי
"ניבה (as in the breath of speech)"	**נִיבָּה**
	לֹא מִשְׁתַּבֵּשׁ.
	מַאן דְּתָנֵי לִיבָּה
is not in error,	**לֹא מִשְׁתַּבֵּשׁ,**
as it says,	**דִּכְתִיב:**

	(שמות ג׳)
"in a flame of fire;"	בְּלַבַּת אֵשׁ
and the one who taught "ניבה"	וּמַאן דְּתָנֵי נִיבָה
	לֹא מִשְׁתַּבֵּשׁ,
	דִּכְתִיב:
	(ישעיהו נ״ז)
"Who creates speech-breath of the lips."	בּוֹרֵא נִיב שְׂפָתָיִם.
	לְבַּתָּה הָרוּחַ ⁻
they are all exempt.	כּוּלָּן פְּטוּרִין.
The רבנן taught:	תָּנוּ רַבָּנָן:
	לִיבָּה
and the wind blew it,	וְלִבַּתָּה הָרוּחַ,
	אִם יֵשׁ בְּלִבּוּיוֹ
enough to blow it [into a flame] -	כְּדֵי לְלַבּוֹתָה ⁻
	חַיָּיב,
	וְאִם לָאו ⁻
he is פטור.	פָּטוּר.
	אַמַּאי?

לֶיהֱוֵי כְּזוֹרֶה	It should be like one who winnows
וְרוּחַ מְסַיַּיעְתּוֹ	and the wind helps him!?
אָמַר אַבַּיֵי:	
הָכָא בְּמַאי עַסְקִינַן ־	
כְּגוֹן	for example,
שֶׁלִּיבָּה מִצַּד אֶחָד,	*where* he blew it from one side,
וְלִבַּתּוּ הָרוּחַ	
מִצַּד אַחֵר.	
רָבָא אָמַר:	רבא said:
כְּגוֹן	
שֶׁלִּיבָּה בְּרוּחַ מְצוּיָה,	*where* he blew it *together with* a normal wind,
וְלִבַּתּוּ הָרוּחַ	
בְּרוּחַ שֶׁאֵינָהּ מְצוּיָה.	with an abnormal wind."
ר' זֵירָא אָמַר:	ר' זירא said:
כְּגוֹן	
דְּצַמְּרָהּ צַמּוּרֵי.	(that) he was warming it [with his breath]."
רַב אַשִׁי אָמַר:	רב אשי said:
כִּי אַמְרִינַן	

זוֹרֶה

and the wind helps him – וְרוּחַ מְסַיַּיעְתּוֹ

these words [are] הָנֵי מִילֵי

לְעִנְיַן שַׁבָּת,

that thoughtful work דִּמְלֶאכֶת מַחֲשֶׁבֶת

אָסְרָה תּוֹרָה,

אֲבָל הָכָא

it is just something which is being caused, גְּרָמָא בְּעָלְמָא הוּא,

וּגְרָמָא בִּנְזָקִין

פָּטוּר.

* מִשְׁנָה *

One who sends (the) fire, הַשּׁוֹלֵחַ אֶת הַבְּעֵרָה,

and it consumed (ate) wood וְאָכְלָה עֵצִים

אוֹ אֲבָנִים

or earth (dust) – אוֹ עָפָר

חַיָּיב,

שֶׁנֶּאֱמַר:

(שמות כ"ב)

	כִּי תֵצֵא אֵשׁ
and it *found* thorns,	וּמָצְאָה קוֹצִים
and it consumed (ate) a stack (pile) of grain,	וְנֶאֱכַל גָּדִישׁ
or the standing grain,	אוֹ הַקָּמָה
	אוֹ הַשָּׂדֶה
	שַׁלֵּם יְשַׁלֵּם –
the one who lit the fire."	הַמַּבְעִיר אֶת הַבְּעֵרָה.

* גמרא *

	אָמַר רָבָא:
"For what [reason] do I [need]	לָמָּה לִי
	דִּכְתַב רַחֲמָנָא
	קוֹצִים
stacked grain,	גָּדִישׁ
	קָמָה
and field['s surface]?	וְשָׂדֶה?
They are [all] necessary,	צְרִיכֵי,
for if the Merciful One wrote	דְּאִי כָּתַב רַחֲמָנָא

	קוֹצִים,
I would have thought	הֲוָה אֲמִינָא
it is thorns	קוֹצִים הוּא
	דְּחַיֵּיב רַחֲמָנָא,
	מִשּׁוּם
it is common *for them to burn*	דִּשְׁכִיחַ אֵשׁ גַּבַּיְיהוּ
and it is common	וּשְׁכִיחַ
for people (him) to be careless [in their regard],	דְּפָשַׁע,
	אֲבָל גָּדִישׁ
that it is not common *for them to burn*	דְּלֹא שְׁכִיחַ אֵשׁ גַּבַּיְיהוּ
	וְלֹא שְׁכִיחַ
	דְּפָשַׁע –
I would say no [that he is not obligated to pay].	אֵימָא לֹא
And if the Merciful One wrote	וְאִי כָּתַב רַחֲמָנָא
	גָּדִישׁ,
	הֲוָה אֲמִינָא
[only in the case of] a grain stack	גָּדִישׁ
[that] the Merciful One made an obligation,	חַיֵּיב רַחֲמָנָא,

מִשּׁוּם דְּהֶפְסֵד מְרוּבֶּה הוּא,	because it is a great loss,
אֲבָל קוֹצִים	
דְּהֶפְסֵד מוּעָט -	
אֵימָא לֹא	I would say [that he is] not [ח"ב].
קָמָה לָמָּה לִי?	
מַה קָמָה	What [is it about] standing grain
בְּגָלוּי,	that it is in the open,
אַף כָּל	
בְּגָלוּי.	
וּלְרַבִּי יְהוּדָה	But according to רב' יהודה
דִּמְחַיֵּיב	
אַנִּזְקֵי טָמוּן בָּאֵשׁ,	on fire damages of hidden [items],
קָמָה לָמָּה לִי?	
לְרַבּוֹת	To include
כָּל בַּעֲלֵי קוֹמָה.	anything that stands.
וְרַבָּנָן,	
לְרַבּוֹת	
כָּל בַּעֲלֵי קוֹמָה	anything that stands

from where do they [know it]?	מְנָא לְהוּ?
They derive (get) it	נַפְקָא לְהוּ
	מֵאוֹ הַקָּמָה.
	וְרַבִּי יְהוּדָה?
[The word] "or"	אוֹ
is needed by him	מִיבָּעֵי לֵיהּ
to separate [the items in the פסוק from one another].	לְחַלֵּק.
	וְרַבָּנָן,
	לְחַלֵּק
from where do they [know it]?	מְנָא לְהוּ?
	נַפְקָא לְהוּ
from, "or the field."	מֵאוֹ הַשָּׂדֶה.
And [what does] רבי יהודה [do with "או השדה"]?	וְרַבִּי יְהוּדָה?
Since the Merciful One wrote,	אַיְידֵי דִּכְתַב רַחֲמָנָא
	אוֹ הַקָּמָה,
	כָּתַב
	אוֹ הַשָּׂדֶה.
For what [reason] do I [need] "field"?	שָׂדֶה לָמָּה לִי?

To include	לְאַתּוּיֵי
[if] it scorched his furrow (plowed field)	לְחֲכָה נִירוֹ
and [if] it blackened his stones.	וְסִכְסְכָה אֲבָנָיו.
	וְלִכְתּוֹב רַחֲמָנָא שָׂדֶה
and these will not be necessary [to list]?	וְלָא בָּעֵי הָנָךְ?
It is necessary [to list all of the cases]:	צְרִיכָא:
	דְּאִי כָּתַב רַחֲמָנָא
	שָׂדֶה,
I would have thought	הֲוָה אֲמִינָא
	מַה שֶּׁבַּשָּׂדֶה
yes,	אִין,
[but] anything else -	מִידֵי אַחֲרִינָא –
	לָא,
[therefore] it tells us [the rest].	קָא מַשְׁמַע לָן.
רב שמואל בר נחמני said	אָמַר רַבִּי שְׁמוּאֵל בַּר נַחְמָנִי
in the name of רבי יונתן:	אָמַר רַבִּי יוֹנָתָן:
Calamity (trouble) does not come to the world	אֵין פּוּרְעָנוּת בָּאָה לָעוֹלָם
	אֶלָּא בִּזְמַן

שֶׁהָרְשָׁעִים בָּעוֹלָם,	
וְאֵינָהּ מַתְחֶלֶת	and it does not begin
אֶלָּא מִן הַצַּדִּיקִים	
תְּחִלָּה,	first,
שֶׁנֶּאֱמַר:	
כִּי תֵצֵא אֵשׁ	
וּמָצְאָה קוֹצִים.	and it *found* thorns."
אֵימָתַי אֵשׁ יוֹצְאָה?	When does fire get out [of control]?
בִּזְמַן שֶׁקּוֹצִים מְצוּיִן לָהּ	
וְאֵינָהּ מַתְחֶלֶת	and it does not begin
אֶלָּא מִן הַצַּדִּיקִים תְּחִלָּה,	
שֶׁנֶּאֱמַר:	
וְנֶאֱכַל גָּדִישׁ,	"And it consumed (ate) a stack (pile) of grain,
וְאָכַל גָּדִישׁ	
לֹא נֶאֱמַר	it does not say,
אֶלָּא	
וְנֶאֱכַל גָּדִישׁ,	and it consumed (ate) a stack (pile) of grain,
שֶׁנֶּאֱכַל גָּדִישׁ כְּבָר.	

רב יוסף taught,	תָּאנֵי רַב יוֹסֵף,
	מַאי דִּכְתִיב:
	(שמות י"ב)
"And [as for] you -	וְאַתֶּם –
	לֹא תֵצְאוּ
	אִישׁ
from the doorway of his house	מִפֶּתַח בֵּיתוֹ
	עַד בֹּקֶר?
	כֵּיוָן
permission has been given to the destroyer	שֶׁנִּיתַּן רְשׁוּת לַמַּשְׁחִית
he does not discern (tell the difference)	אֵינוֹ מַבְחִין
	בֵּין צַדִּיקִים לִרְשָׁעִים
	וְלֹא עוֹד,
	אֶלָּא
that he starts with the righteous ones	שֶׁמַּתְחִיל מִן הַצַּדִּיקִים
first,"	תְּחִלָּה,
	שֶׁנֶּאֱמַר:
	(יחזקאל כ"א)

"And I have cut off from you	וְהִכְרַתִּי מִמֵּךְ
	צַדִּיק וְרָשָׁע.
רב יוסף cried,	בָּכֵי רַב יוֹסֵף,
"So much [the righteous suffer] too!	כּוּלֵּי הַאי נַמִּי!
[Are] they considered like nothing!?	לְאַיִן דוֹמִין!?
	אָמַר לֵיהּ אַבַּיֵי:
"It is a good thing for them (by them),	טִיבוּתָא הוּא לְגַבַּיְיהוּ,
	דִּכְתִיב:
	(ישעיהו נז)
"It is because of [the coming] evil	כִּי מִפְּנֵי הָרָעָה
[that] the צדיק was gathered in."	נֶאֱסַף הַצַּדִּיק.
	אָמַר רַב יְהוּדָה אָמַר רַב:

לְעוֹלָם	Always
יִכָּנֵס אָדָם	
בְּכִי טוֹב	*when it is good,*
וְיֵצֵא	and should go out
בְּכִי טוֹב,	
שֶׁנֶּאֱמַר:	
(שמות י"ב)	
וְאַתֶּם	"And [as for] you -
לֹא תֵצְאוּ אִישׁ	
מִפֶּתַח בֵּיתוֹ	
עַד בֹּקֶר.	until morning."
תָּנוּ רַבָּנָן:	
דֶּבֶר בְּעִיר -	[If] there is a death plague in the city -
כַּנֵּס רַגְלֶיךָ,	bring your feet in[to your house],
שֶׁנֶּאֱמַר:	
וְאַתֶּם	
לֹא תֵצְאוּ אִישׁ	no man should go out

	מַפְתֵּחַ בֵּיתוֹ
until morning,	עַד בֹּקֶר,
	וְאוֹמֵר:
	(ישעיהו כ"ו)
	לֵךְ עַמִּי
enter your rooms	בֹּא בַחֲדָרֶיךָ
and close your doors	וּסְגֹר דְּלָתֶיךָ [דְּלָתְךָ]
behind you;"	בַּעֲדֶךָ;
	וְאוֹמֵר:
	(דְּבָרִים ל"ב)
	מִחוּץ
the sword will bereave (make people lose their relatives),	תְּשַׁכֶּל חֶרֶב
and within the rooms there will be fear."	וּמֵחֲדָרִים אֵימָה.
What [is the purpose of]	מַאי
	וְאוֹמֵר?
Because if you will say	וְכִי תֵימָא,
[that] these words [are only speaking]	הָנֵי מִילֵי
	בְּלֵילְיָא,

אֲבָל בִּימָמָא לֹא,	
תָּא שְׁמַע:	[therefore] *it comes to teach:*
לֵךְ עַמִּי	
בֹּא בַחֲדָרֶיךָ	enter your rooms
וּסְגֹר דְּלָתֶיךָ [דְּלָתְךָ]	
בַּעֲדֶךָ;	*behind you;"*
וְכִי תֵּימָא,	
הָנֵי מִילֵּי	
[הֵיכָא]	[are where]
דְּלֵיכָּא אֵימָה מִגַּוָּאי,	there is no fear outside,
אֲבָל	
הֵיכָא	
דְּאִיכָּא אֵימָה מִגַּוָּאי,	there is fear outside,
כִּי נָפִיק	when he would go out
יָתִיב בֵּינֵי אִינְשֵׁי	[and} sit between people
בְּצַוְותָּא בְּעָלְמָא	with companionship
טְפֵי מְעַלֵּי,	it is better,
תָּא שְׁמַע:	

מִחוּץ	
תְּשַׁכֶּל חֶרֶב,	the sword will bereave (make people lose their relatives),
וּמֵחֲדָרִים אֵימָה,	
אַף עַל גַּב	
דְּמֵחֲדָרִים אֵימָה ־	that there is fear in the rooms-
מִחוּץ	
תְּשַׁכֶּל חֶרֶב.	the sword bereaves (makes people lose their relatives).
רָבָא	
בְּעִידַּן רִתְחָא	at a time of anger
הֲוֵי סָכַר כַּוֵּי,	he would seal the windows,
דִּכְתִיב:	
(ירמיהו ט')	
כִּי עָלָה מָוֶת	"For death has come up
בְּחַלּוֹנֵינוּ.	into our windows."
תָּנוּ רַבָּנָן:	
רָעָב בְּעִיר ־	
פַּזֵּר רַגְלֶיךָ,	*move (your feet),*
שֶׁנֶּאֱמַר:	

(בראשית י"ב)

וַיְהִי רָעָב בָּאָרֶץ

וַיֵּרֶד אַבְרָם מִצְרַיְמָה

to sojourn there,   לָגוּר שָׁם,

וְאוֹמֵר:

(מלכים ב' ז')

"If we say   אִם־אָמַרְנוּ

we should come into the city,   נָבוֹא הָעִיר

but the famine is in the city   וְהָרָעָב בָּעִיר

וָמַתְנוּ שָׁם.

מַאי וְאוֹמֵר?

And if you will say,   וְכִי תֵימָא,

these words   הָנֵי מִילֵי

הֵיכָא

where there is not a question of *death*,   דְּלֵיכָא סָפֵק נְפָשׁוֹת,

אֲבָל הֵיכָא

דְּאִיכָּא סָפֵק נְפָשׁוֹת

no [he should not leave];   לֹא,

	תָּא שְׁמַע:
	(מלכים ב' ז')
	לְכוּ
and fall [on]to the camp of ארם,	וְנִפְּלָה אֶל מַחֲנֵה אֲרָם
if they will keep us alive	אִם יְחַיֻּנוּ
	נִחְיֶה.
	תָּנוּ רַבָּנָן:
[If there is] a death plague in the city -	דֶּבֶר בָּעִיר –
	אַל יְהַלֵּךְ אָדָם
in the middle of the road,	בְּאֶמְצַע הַדֶּרֶךְ,
	מִפְּנֵי
the Angel of Death	שֶׁמַּלְאַךְ הַמָּוֶת
goes	מְהַלֵּךְ
	בְּאֶמְצַע הַדְּרָכִים,
for since permission has been given to him	דְּכֵיוָן דִּיהִיבָא לֵיה רְשׁוּתָא
he goes openly.	מַסְגֵּי לְהֶדְיָא.
[When] there is peace in the city -	שָׁלוֹם בָּעִיר –
	אַל יְהַלֵּךְ

on the sides of the road,	בְּצִדֵּי דְרָכִים,
	דְּכֵיוָן
(that) he does not have permission,	דְּלֵית לֵיה רְשׁוּתָא,
he slinks along	מְחַבֵּי חַבּוּיֵי
and hides.	וּמַסְגֵּי.
	תָּנוּ רַבָּנָן:
	דֶּבֶר בָּעִיר ־
a person should not enter	אַל יִכָּנֵס אָדָם
	יְחִיד
to the shul,	לְבֵית הַכְּנֶסֶת,
	שֶׁמַּלְאַךְ הַמָּוֶת
deposits there	מַפְקִיד שָׁם
	כֵּלָיו
and these words [are speaking about a case]	וְהָנֵי מִילֵי
	הֵיכָא
young children do not read תורה there,	דְּלֹא קָרוּ בֵּיה דַּרְדְּקֵי,
and ten [people] do not daven there.	וְלֹא מְצַלּוּ בֵּיה עֲשָׂרָה.
	תָּנוּ רַבָּנָן:

[If] dogs are howling (crying) -	כְּלָבִים בּוֹכִים -
	מַלְאַךְ הַמָּוֶת
has come to the city;	בָּא לְעִיר;
[but if] dogs are acting jolly -	כְּלָבִים מְשַׂחֲקִים -
	אֵלִיָּהוּ הַנָּבִיא
	בָּא לְעִיר
and these words [are speaking in a case]	וְהָנֵי מִילֵּי
that a female is not amongst them.	דְּלֵית בְּהוּ נְקֵבָה.
רב אמי and רב אסי sat	יָתִיב רַב אַמִּי וְרַב אַסִּי
before רב יצחק נפחא,	קַמֵּיהּ דר' יִצְחָק נַפְחָא,
one חכם said to him:	מַר אָמַר לֵיהּ:
"Let the חכם say a הלכה teaching,"	לֵימָא מַר שְׁמַעְתְּתָא,
	וּמַר אָמַר לֵיהּ:
"Let the חכם say a teaching of אגדה."	לֵימָא מַר אַגַּדְתָּא.
He began to say a teaching of אגדה	פָּתַח לְמֵימַר אַגַּדְתָּא
but the [first] חכם did not let him;	וְלֹא שָׁבִיק מַר;
	פָּתַח לְמֵימַר שְׁמַעְתְּתָא
	וְלֹא שָׁבִיק מַר.

אָמַר לָהֶם:

"I will tell you an analogy (comparison),   אֶמְשׁוֹל לָכֶם מָשָׁל,

what is this thing comparable to?   לְמַה הַדָּבָר דּוֹמֶה?

לְאָדָם

שֶׁיֵּשׁ לוֹ שְׁתֵּי נָשִׁים,

one young   אַחַת יַלְדָּה

and one elderly,   וְאַחַת זְקֵינָה,

יַלְדָּה

pulls out (for him)   מְלַקֶּטֶת לוֹ

the white [hairs],   לְבָנוֹת,

זְקֵינָה

pulls out (for him)   מְלַקֶּטֶת לוֹ

שְׁחוֹרוֹת,

he (is found to) becomes bald   נִמְצָא קֵרֵחַ

from here and there."   מִכָּאן וּמִכָּאן.

אָמַר לָהֶן:

"If so   אִי הָכִי,

אֵימָא לְכוּ

a thing	מִלְתָא
which is equal[ly pleasing] to both of you:	דְּשַׁוְיָא לְתַרְוַיְיכוּ:
	(שמות כ"ב)
	כִּי תֵצֵא אֵשׁ
and it *finds* thorns,'	וּמָצְאָה קוֹצִים
	תֵצֵא
on its own,	מֵעַצְמָהּ,
	שַׁלֵּם יְשַׁלֵּם
the one who lit the fire -	הַמַּבְעִיר אֶת הַבְּעֵרָה ·
	אָמַר הקב"ה:
it is upon me to pay [for]	עָלַי לְשַׁלֵּם
	אֶת הַבְּעֵרָה
which I lit,	שֶׁהִבְעַרְתִּי,
I set the fire in ציון,	אֲנִי הִצַּתִּי אֵשׁ בְּצִיּוֹן,
	שֶׁנֶּאֱמַר:
	(איכה ד')
	וַיַּצֶּת אֵשׁ בְּצִיּוֹן
and it consumed (ate) its foundations,'	וַתֹּאכַל יְסוֹדֹתֶיהָ,

וַאֲנִי עָתִיד לִבְנוֹתָהּ	and I will build it in the future
בָּאֵשׁ,	with fire,
שֶׁנֶּאֱמַר:	
(זכריה ב')	
וַאֲנִי אֶהְיֶה לָּהּ...	
חוֹמַת אֵשׁ סָבִיב,	a wall of fire [all] around,
וּלְכָבוֹד אֶהְיֶה	and I will be for glory
בְתוֹכָהּ.	
שְׁמַעְתְּתָא:	[As for] a הלכה teaching:
פָּתַח הַכָּתוּב	
בְּנִזְקֵי מָמוֹנוֹ	with damages [done] by his property
וְסִיֵּים	and it ends
בְּנִזְקֵי גּוּפוֹ,	
לוֹמַר לָךְ:	
אִשּׁוֹ:	[he is responsible for] his fire
מִשּׁוּם חִצָּיו.	because of his arrows.
(שְׁמוּאֵל ב' כ"ג)	
וַיִּתְאַוֶּה דָוִד	"And דוד craved (desired)

	וַיֹּאמַר
'Who will give me water to drink	מִי יַשְׁקֵנִי מַיִם
from the well of בית לחם	מִבֹּאר בֵּית־לֶחֶם
	אֲשֶׁר בַּשָּׁעַר:
And the three strong men broke	וַיִּבְקְעוּ שְׁלֹשֶׁת הַגִּבֹּרִים
	בְּמַחֲנֵה פְלִשְׁתִּים
and they drew water	וַיִּשְׁאֲבוּ מַיִם
	מִבֹּאר בֵּית לֶחֶם
	אֲשֶׁר בַּשַּׁעַר [וְגוֹ׳] -
What [הלכה] was דוד asking?	מַאי קָא מִיבַּעְיָא לֵיהּ?
רבא said	אָמַר רָבָא
[that] רב נחמן said:	אָמַר רַב נַחְמָן:
[The הלכה of] hidden things [burned] in fire	טָמוּן בָּאֵשׁ
was a question to him,	קָמִיבַּעְיָא לֵיהּ,
if [the הלכה is] like רב׳ יהודה	אִי כְּרַבִּי יְהוּדָה
	אִי כְּרַבָּנָן,
and they answered him	וּפָשְׁטוּ לֵיהּ
that which they answered him.	מַאי דְּפָשְׁטוּ לֵיהּ.

רַב הוּנָא אָמַר:

"Stacks of barley   גְּדִישִׁים דִּשְׂעוֹרִים

דְּיִשְׂרָאֵל

there were   הֲווּ

which פלשתים were hiding in (them),   דַּהֲווּ מִטַּמְּרֵי פְּלִשְׁתִּים בְּהוּ,

וְקָא מִיבַּעְיָא לֵיה:

what [is the הלכה regarding] to save himself   מַהוּ לְהַצִּיל עַצְמוֹ

בְּמָמוֹן חֲבֵירוֹ?

שָׁלְחוּ לֵיה:

it is forbidden [for a person] to save himself   אָסוּר לְהַצִּיל עַצְמוֹ

בְּמָמוֹן חֲבֵירוֹ,

אֲבָל

you are a king (you are),   אַתָּה מֶלֶךְ אַתָּה,

[and a king] breaks [fences]   [וּמֶלֶךְ] פּוֹרֵץ

לַעֲשׂוֹת לוֹ דֶּרֶךְ

and they can't protest *against him*."   וְאֵין מוֹחִין בְּיָדוֹ.

וְרַבָּנָן,

and some say [it was] רבה בר אר' –   וְאִיתֵּימָא רַבָּה בַּר מָרִי –

	אָמְרוּ:
	גְּדִישִׁים דִּשְׂעוֹרִין
	דְּיִשְׂרָאֵל הֲווּ
and stacks of lentils	וּגְדִישִׁין דַּעֲדָשִׁים
of פלשתים,	דִּפְלִשְׁתִּים,
and he asked them:	וְקָא מִיבַּעְיָא לְהוּ:
"What is [the הלכה about] to take	מַהוּ לִיטּוֹל
	גְּדִישִׁין שֶׁל שְׂעוֹרִין
	דְּיִשְׂרָאֵל
to put in front of his animal,	לִיתֵּן לִפְנֵי בְּהֶמְתּוֹ,
on the condition to pay	עַל מְנָת לְשַׁלֵּם
	גְּדִישִׁין שֶׁל עֲדָשִׁים
	דִּפְלִשְׁתִּים?
They sent [a message] to him:	שָׁלְחוּ לֵיה:
	(יחזקאל ל"ג)
"'The wicked man returns a pledge,	חֲבֹל יָשִׁיב רָשָׁע
he pays [his] theft,'	גְּזֵילָה יְשַׁלֵּם,
	אַף עַל פִּי

he pays [his] theft -	שֶׁגְּזֵילָה מְשַׁלֵּם ־
	רָשָׁע הוּא,
	אֲבָל
you are a king (you are),	אַתָּה מֶלֶךְ אַתָּה,
	וּמֶלֶךְ פּוֹרֵץ
to make himself a path	לַעֲשׂוֹת לוֹ דֶּרֶךְ
and they can't protest *against him.*"	וְאֵין מוֹחִין בְּיָדוֹ.
It comes out good	בִּשְׁלָמָא
	לְמַאן דְּאָמַר
to exchange,	לְאַחְלוּפֵי,
	הַיְינוּ דִכְתִיב
one פֿסוק:	חַד קְרָא:
	(שְׁמוּאֵל ב' כ"ג)
	וַתְּהִי שָׁם
a portion of land	חֶלְקַת הַשָּׂדֶה
full of lentils,"	מְלֵאָה עֲדָשִׁים,
	וּכְתִיב חַד קְרָא:
	(דִּבְרֵי הַיָּמִים א' י"א)

	וַתְּהִי חֶלְקַת הַשָּׂדֶה
full of barley;"	מְלֵאָה שְׂעוֹרִים;
	אֶלָּא
	לְמַאן דְּאָמַר
[that he wanted] to burn [them],	לְמִקְלֵי,
why is it necessary for them	מַאי אִיבָּעֲיָא לְהוּ
	לְהַנֵי תְּרֵי קְרָאֵי?
He could say to you:	אָמַר לָךְ:
that there also were	דַּהֲווּ נַמִּי
	גְּדִישִׁים דַּעֲדָשִׁים
	דְּיִשְׂרָאֵל
that they were hiding in them	דַּהֲווּ מִיטַּמְרוּ בְּהוּ
	פְּלִשְׁתִּים.
	בִּשְׁלָמָא
according to the one who says	לְמַאן דְּאָמַר
[that he wanted] to burn [them],	לְמִקְלֵי,
	הַיְינוּ דִּכְתִיב:
	(שְׁמוּאֵל ב׳ כ״ג)

'And he stood	וַיִּתְיַצֵּב
in the midst of the portion [of land]	בְּתוֹךְ הַחֶלְקָה
and he saved it,'	וַיַּצִּילֶהָ,
	אֶלָּא
	לְמַאן דְּאָמַר
[that he wanted] to exchange them,	לְאַחְלוּפֵי,
	מַאי וַיַּצִּילֶהָ?
that he did not let them	דְּלֹא שָׁבַק לְהוּ
to exchange them.	לְאַחְלוּפֵי.
	בִּשְׁלָמָא
these two,	הָנֵי תַּרְתֵּי,
that is why there is written	הַיְינוּ דִּכְתִיב
	תְּרֵי קְרָאֵי,

אֶלָּא	
לְמַאן דְּאָמַר	
טָמוּן בָּאֵשׁ	[the הלכה of] hidden things [burned] in fire
קָמִיבַּעְיָא לֵיהּ,	was a question to him,
מַאי אִיבָּעֵי לֵיהּ	why does he need
קְרָאֵי?	
אָמַר לָךְ:	
טָמוּן	[the הלכה of] hidden things
וַחֲדָא מֵהָנָךְ	and one of those [other questions]
קָמִיבַּעְיָא לֵיהּ.	
בִּשְׁלָמָא	It comes out good
לְמַאן דְּאָמַר	
הָנֵי תַּרְתֵּי,	these two [answers],
הַיְינוּ דִּכְתִיב:	
(שְׁמוּאֵל ב׳ כ״ג)	
וְלֹא אָבָה (דָּוִד)	but (דוד) did not want
לִשְׁתּוֹתָם,	

	אָמַר:
since there is a prohibition	כֵּיוָן דְּאִיכָּא אִיסּוּרָא
I do not want to [take special privileges];	לֹא נִיחָא לִי;
	אֶלָּא
	לְמַאן דְּאָמַר
	טָמוּן בָּאֵשׁ
was a question to him,	קָא מִבָּעֲיָא לֵיהּ,
let us see:	מִכְּדִי:
It is a tradition	גְּמָרָא הוּא
which they sent to him;	דְּשָׁלְחוּ לֵיהּ;
what [does it mean],	מַאי,
	לֹא אָבָה (דָּוִד)
	לִשְׁתּוֹתָם?
[It means] that he did not say *this teaching*	דְּלֹא אַמְרִינְהוּ
	מִשְּׁמַיְיהוּ,
	אָמַר,
"So I have received	כַּךְ מְקוּבְּלַנִי
	מִבֵּית דִּינוֹ

of שמואל of רמה:	שֶׁל שְׁמוּאֵל הָרָמָתִי:
Whoever risks himself (gives himself over)	כָּל הַמּוֹסֵר עַצְמוֹ
	לָמוּת
	עַל דִּבְרֵי תוֹרָה -
we do not say	אֵין אוֹמְרִים
	דְּבַר הֲלָכָה
in (from) his name.	מִשְּׁמוֹ.
	(שְׁמוּאֵל ב' כ"ג)
"And he poured them out for השם -"	וַיַּסֵּךְ אֹתָם לַה' -
It comes out good	בִּשְׁלָמָא
	לְמַאן דְּאָמַר
these two [answers],	הָנֵי תַּרְתֵּי,
because he did [it]	מִשּׁוּם דְּעָבַד
for the sake of Heaven,	לְשֵׁם שָׁמַיִם,
	אֶלָּא
	לְמַאן דְּאָמַר
	טָמוּן בָּאֵשׁ,
what [does it mean]	מַאי

וַיִּסֵּךְ אֹתָם לַה'?	"And he poured them out for השם -"
דְּאַמְרִינְהוּ	
מִשְּׁמָא	in the name of
דִּגְמָרָא.	[an unnamed] tradition.

* משנה *

עָבְרָה גָּדֵר	If a fire (it) went over a wall
שֶׁהוּא גָּבוֹהַּ אַרְבַּע אַמּוֹת,	
אוֹ דֶּרֶךְ הָרַבִּים	or a public road
אוֹ נָהָר -	
פָּטוּר.	

* גמרא *

וְהָתַנְיָא:	But it taught [in a ברייתא]:
עָבְרָה גָּדֵר	
שֶׁהוּא גָּבוֹהַּ אַרְבַּע אַמּוֹת -	which is four אמות high -
חַיָּיב	
אָמַר רַב פָּפָּא,	
תַּנָּא דִּידָן קָא חָשִׁיב	"Our תנא (it is that he) calculated

מִלְמַעְלָה לְמַטָּה:	
שֵׁשׁ אַמּוֹת	[If it was] six אמות
פָּטוּר,	
חָמֵשׁ אַמּוֹת	
פָּטוּר,	he is פטור (exempt),
עַד אַרְבַּע אַמּוֹת	
פָּטוּר;	
תַּנָּא בָּרָא	[however,] the תנא of the ברייתא (outside תנא)
מִלְמַטָּה לְמַעְלָה	
קָא חָשִׁיב:	(it is that he) calculated:
שְׁתֵּי אַמּוֹת	[If it was] two אמות
חַיָּיב,	
שָׁלֹשׁ אַמּוֹת	
חַיָּיב,	
עַד אַרְבַּע אַמּוֹת	until four אמות
חַיָּיב.	he is חי"ב (responsible).
אָמַר רָבָא:	רבא said:
אַרְבַּע אַמּוֹת שֶׁאָמְרוּ	

דְּפָטוּר,	that he is פטור,
אֲפִילוּ	
בַּשָּׂדֶה קוֹצִים.	in a field of briars (thorn bushes).
אָמַר רַב פָּפָּא:	
וּמִשְּׂפַת קוֹצִים	"And from the edge of the briars (thorn bushes)
וּלְמַעְלָה	and upwards [to the top of the wall]
אַרְבַּע אַמּוֹת.	
אָמַר רַב:	
לֹא שָׁנוּ	"They did not teach [this]
אֶלָּא בְּקוֹלַחַת,	except in [a case of] a rising fire,
אֲבָל בְּנִכְפֶּפֶת -	but [in a case of] a downwards bent [fire] -
אֲפִילוּ	
עַד מֵאָה אַמָּה	[if it crossed a road] until 100 אמות
חַיָּיב	
וּשְׁמוּאֵל אָמַר:	
מַתְנִיתִין בְּנִכְפֶּפֶת,	The משנה [is speaking] by a downwards bent [fire],
אֲבָל בְּקוֹלַחַת -	
אֲפִילוּ כָּל שֶׁהוּא	even any amount [of wall]

פָּטוּר.	
תַּנְיָא כְּוָותֵיהּ דְּרַב:	
בַּמֶּה דְּבָרִים אֲמוּרִים ־	In what [kind of case] are these things said -
בְּקוֹלַחַת,	
אֲבָל בְּנִכְפֶּפֶת	
וְעֵצִים מְצוּיִין לָהּ ־	and wood is available (found) for it -
אֲפִילּוּ	
עַד מֵאָה מִיל	[a road] until 100 מיל
חַיָּיב.	
עָבְרָה נָהָר	If a fire (it) went over a river
אוֹ שְׁלוּלִית	or a שלולית (a puddle or water channel)
שֶׁהֵם רְחָבִים שְׁמוֹנֶה אַמּוֹת ־	which are 8 אמות wide -
פָּטוּר.	
דֶּרֶךְ הָרַבִּים:	A public road:
מַאן תָּנָא?	Who is the תנא [who taught this]?
אָמַר רָבָא:	
רַבִּי אֱלִיעֶזֶר הִיא,	"It is רבי אליעזר,
דִּתְנַן,	

רבי אליעזר says:	רַבִּי אֱלִיעֶזֶר אוֹמֵר:
"Sixteen אמות [wide],	שֵׁשׁ עֶשְׂרֵה אַמּוֹת
	כְּדֶרֶךְ רְשׁוּת הָרַבִּים
	(פָּטוּר).
	אוֹ נָהָר:
רב said:	רַב אָמַר:
	נָהָר מַמָּשׁ,
And שמואל said:	וּשְׁמוּאֵל אָמַר:
"[It means] an irrigation ditch."	אֲרִיתָא דְדַלָּאֵי.
	מַאן דְּאָמַר
	נָהָר מַמָּשׁ,
even though	אַף עַל גַּב
there is no water,	דְּלֵיכָא מַיָּא
	וּמַאן דְּאָמַר
	אֲרִיתָא דְדַלָּאֵי,
if there is water in it -	אִי אִית בֵּיהּ מַיָּא –
yes [it is sufficient to stop the fire],	אִין,
	אֲבָל לֵית בֵּיהּ מַיָּא

	לֹא.
It was taught there:	תְּנַן הָתָם:
And these divide [a field]	וְאֵלּוּ מַפְסִיקִין
	לְפֵאָה:
	הַנַּחַל,
or a שלולית,	וְהַשְּׁלוּלִית,
or a private road,	וְדֶרֶךְ הַיָּחִיד,
	וְדֶרֶךְ הָרַבִּים.
	מַאי שְׁלוּלִית?
רב יהודה said	אָמַר רַב יְהוּדָה
in the name of שמואל:	אָמַר שְׁמוּאֵל:
	מָקוֹם
where rain water	שֶׁמֵּי גְשָׁמִים
collect (puddle) there."	שׁוֹלְלִין שָׁם.
רב ביבי said *in the name of* רבי יוחנן:	רַב בִּיבִי אָמַר רַבִּי יוֹחָנָן:
"A channel of water	אַמַּת הַמַּיִם
which divides up bounty	שֶׁמְּחַלֶּקֶת שָׁלָל
to its sides.	לַאֲגַפֶּיהָ.

	מַאן דְּאָמַר
	מָקוֹם
	שֶׁמֵּי גְשָׁמִים
collect (puddle) there -	שׁוֹלְלִין שָׁם –
most certainly	כָּל שֶׁכֵּן
	אַמַּת הַמַּיִם
	וּמַאן דְּאָמַר
a channel of water,	אַמַּת הַמַּיִם,
	אֲבָל מָקוֹם
where rain water	שֶׁמֵּי גְשָׁמִים
	שׁוֹלְלִין שָׁם
they do not separate [the field],	לֹא מַפְסְקֵי,
	דְּהָנְהוּ

בְּאַגְנֵי דְּאַרְעָא	bowls of the land
מִקְּרוּ.	

*** משנה ***

הַמַּדְלִיק בְּתוֹךְ שֶׁלּוֹ –	One who lights [a fire] in his own [property] -
עַד כַּמָּה	until what distance
תַּעֲבוֹר הַדְּלֵיקָה?	can the fire pass [and he is still ח"ב]?
רַבִּי אֶלְעָזָר בֶּן עֲזַרְיָה אוֹמֵר:	רב' אלעזר בן עזריה says:
רוֹאִין אוֹתוֹ	"We view (look at) him
כְּאִילּוּ הוּא	
בְּאֶמְצַע בֵּית כּוֹר,	
רַבִּי אֱלִיעֶזֶר אוֹמֵר:	רב' אליעזר says:
שֵׁשׁ עֶשְׂרֵה אַמּוֹת	
כְּדֶרֶךְ רְשׁוּת הָרַבִּים,	like a public road,"
רַבִּי עֲקִיבָא אוֹמֵר:	
חֲמִשִּׁים אַמָּה,	
רַבִּי שִׁמְעוֹן אוֹמֵר:	רב' שמעון says:

(שמות כ"ב)

שַׁלֵּם יְשַׁלֵּם	"'He must [certainly] pay,
הַמַּבְעִיר אֶת הַבְּעֵרָה –	
הַכֹּל לְפִי הַדְּלֵיקָה.	it is all according to the fire."

* גמרא *

וְלֵית לֵיהּ לְרַבִּי שִׁמְעוֹן	But doesn't רב' שמעון subscribe to (have the opinion)
שִׁיעוּרָא בִּדְלֵיקָה?	a measurement in [the case of] a fire!?
וְהָתְנַן:	
לֹא יַעֲמִיד אָדָם	A person must not set up
תַּנּוּר	an oven
בְּתוֹךְ הַבַּיִת -	
אֶלָּא אִם כֵּן	unless
יֵשׁ עַל גַּבּוֹ	there is above it
גּוֹבַהּ אַרְבַּע אַמּוֹת.	
הָיָה מַעֲמִידוֹ בַּעֲלִיָּיה -	If he set it up in an upper storey -
עַד שֶׁיְּהֵא תַחְתָּיו	
מַעֲזִיבָה -	a plaster ceiling -

three טפחים [thick],	שְׁלֹשָׁה טְפָחִים,
but regarding a stove -	וּבְכִירָה -
a טפח [thick is enough],	טֶפַח,
	וְאִם הִזִּיק -
he must pay	מְשַׁלֵּם
	מַה שֶׁהִזִּיק.
רב׳ שמעון says:	רַבִּי שִׁמְעוֹן אוֹמֵר:
"These measurements were not said,	לֹא נֶאֶמְרוּ שִׁיעוּרִין הַלָּלוּ,
	אֶלָּא
	שֶׁאִם הִזִּיק
he is [exempt] from paying."	פָּטוּר מִלְּשַׁלֵּם.
רב נחמן said	אָמַר רַב נַחְמָן
in the name of רבה בר אבוה:	אָמַר רַבָּה בַּר אֲבוּהַ:
	הַכֹּל
	לְפִי גּוֹבַהּ הַדְּלֵיקָה.
רב יוסף said	אָמַר רַב יוֹסֵף
in the name of רב יהודה	אָמַר רַב יְהוּדָה
	אָמַר שְׁמוּאֵל:

הֲלָכָה כְּרַבִּי שִׁמְעוֹן.	
וְכֵן אָמַר רַב נַחְמָן	and so said רב נחמן
אָמַר שְׁמוּאֵל:	
הֲלָכָה כְּרַבִּי שִׁמְעוֹן.	

* משנה *

הַמַּדְלִיק אֶת הַגָּדִישׁ	One who lights a grain stack,
וְהָיוּ בוֹ כֵלִים	
וְדָלְקוּ,	and they burned,
רַבִּי יְהוּדָה אוֹמֵר:	רב יהודה says:
מְשַׁלֵּם מַה שֶּׁבְּתוֹכוֹ,	
וַחֲכָמִים אוֹמְרִים:	
אֵינוֹ מְשַׁלֵּם	
אֶלָּא גָּדִישׁ שֶׁל חִטִּין	except for a stack of wheat
אוֹ שֶׁל שְׂעוֹרִין.	
הָיָה גְּדִי כָּפוּת לוֹ	If a kid-goat was tied to it
וְעֶבֶד סָמוּךְ לוֹ	
וְנִשְׂרַף עִמּוֹ -	

חַיָּיב.	he is ח״ב.
עֶבֶד כָּפוּת לוֹ	
וּגְדִי סָמוּךְ לוֹ	
וְנִשְׂרַף עִמּוֹ ־	and it is burned with it -
פָּטוּר.	
וּמוֹדִים חֲכָמִים	
לְרַבִּי יְהוּדָה,	
בַּמַּדְלִיק אֶת הַבִּירָה	in a case of (by) one who lit a tower
שֶׁהוּא מְשַׁלֵּם	
כָּל מַה שֶּׁבְּתוֹכָהּ,	all that which is in it,
שֶׁכֵּן דֶּרֶךְ בְּנֵי אָדָם	
לְהָנִיחַ בַּבָּתִּים.	to place [things] in houses.

* גמרא *

אָמַר רַב כַּהֲנָא:	רב כהנא said:
מַחֲלוֹקֶת ־	
בְּמַדְלִיק בְּתוֹךְ שֶׁלּוֹ	
וְהָלְכָה וְאָכְלָה	and it went and consumed (ate)

in [the property] of his fellow,	בְּתוֹךְ שֶׁל חֲבֵירוֹ,
	דְּרַבִּי יְהוּדָה
	מְחַיֵּיב
on the damages of hidden things [burned] in fire,	אַנִּזְקֵי טָמוּן בְּאֵשׁ,
and the רבנן exempt [him],	וְרַבָּנָן פָּטְרֵי,
	אֲבָל
by one who lights	בְּמַדְלִיק
	בְּתוֹךְ שֶׁל חֲבֵירוֹ -
it is unanimous (the words of all) [that]	דִּבְרֵי הַכֹּל
	מְשַׁלֵּם
	כָּל מַה שֶּׁבְּתוֹכוֹ.
רבא said to him:	אָמַר לֵיהּ רָבָא:
	אִי הָכִי,
instead of the end section teaching:	אַדְּתָנֵי סֵיפָא:
the חכמים admit	מוֹדִים חֲכָמִים
to רבי יהודה,	לְרַבִּי יְהוּדָה,
by one who lights the tower,	בְּמַדְלִיק אֶת הַבִּירָה
that he pays	שֶׁמְּשַׁלֵּם

	כָּל מַה שֶּׁבְּתוֹכָהּ,
	שֶׁכֵּן דֶּרֶךְ בְּנֵי אָדָם
to place [things] in houses -	לְהָנִיחַ בַּבָּתִּים –
make the difference	לִפְלוֹג
and teach this difference (it)	וְלִיתְנֵי
in itself:	בְּדִידָהּ:
In what [case] are these things said?	בַּמֶּה דְּבָרִים אֲמוּרִים?
	בַּמַּדְלִיק בְּתוֹךְ שֶׁלּוֹ
	וְהָלְכָה וְאָכְלָה
in [the property] of his fellow,	בְּתוֹךְ שֶׁל חֲבֵירוֹ,
but one who lights	אֲבָל מַדְלִיק
	בְּתוֹךְ שֶׁל חֲבֵירוֹ -
it is the opinion of all	דִּבְרֵי הַכֹּל
	מְשַׁלֵּם
	כָּל מַה
	שֶׁהָיָה בְּתוֹכוֹ.
But רבא said:	אֶלָּא אָמַר רָבָא:
"They differ (argue) in two things,	בְּתַרְתֵּי פְּלִיגֵי,

פְּלִיגֵי	
בַּמַּדְלִיק בְּתוֹךְ שֶׁלוֹ	by one who lights in his own
וְהָלְכָה וְאָכְלָה	
בְּתוֹךְ שֶׁל חֲבֵירוֹ,	
דְּרַבִּי יְהוּדָה מְחַיֵּיב	that רבי' יהודה obligates
אַטָּמוּן בָּאֵשׁ;	for hidden things in fire;
וְרַבָּנָן סָבְרֵי	and the רבנן opine (have the opinion)
לֹא מְחַיֵּיב.	
וּפְלִיגֵי נַמִּי	And they argue also
בַּמַּדְלִיק	
בְּשֶׁל חֲבֵירוֹ,	
דְּרַבִּי יְהוּדָה סָבַר –	and רבי' יהודה opines (has the opinion) -
מְשַׁלֵּם	
כָּל מַה שֶּׁבְּתוֹכוֹ	
וַאֲפִילוּ אַרְנָקִי,	and even a wallet,
וְרַבָּנָן סָבְרֵי –	and the רבנן opine (have the opinion) -
כֵּלִים	
שֶׁדַּרְכָּן	which it is their [normal] way

לְהַטְמִין בְּגָדִישׁ,	
כְּגוֹן מוֹרִיגִין	like threshing tools
וּכְלֵי בָקָר -	and cattle tools -
הוּא דִּמְשַׁלֵּם,	
כֵּלִים	
שֶׁאֵין דַּרְכָּן	
לְהַטְמִין בְּגָדִישׁ	to store (hide) in a grain stack
לֹא מְשַׁלֵּם.	
תָּנוּ רַבָּנָן:	The רבנן taught:
הַמַּדְלִיק אֶת הַגָּדִישׁ	One who lights a grain stack
וְהָיוּ בוֹ כֵּלִים	
וְדָלְקוּ,	
רַבִּי יְהוּדָה אוֹמֵר:	רב׳ יהודה says:
מְשַׁלֵּם	
כָּל מַה	
שֶׁהָיָה בְּתוֹכוֹ,	that was in it,
וַחֲכָמִים אוֹמְרִים:	and the חכמים say:
אֵינוֹ מְשַׁלֵּם	

אֶלָּא גָּדִישׁ שֶׁל חִטִּין	except a grain stack of wheat
אוֹ גָּדִישׁ שֶׁל שְׂעוֹרִין,	
וְרוֹאִין	and we view (look)
מָקוֹם כֵּלִים	[at] the place of the vessels
כְּאִילוּ הוּא	
מָלֵא תְּבוּאָה.	

In what [case] are these things said?	בַּמֶּה דְּבָרִים אֲמוּרִים?
	בַּמַּדְלִיק בְּתוֹךְ שֶׁלּוֹ
and it went and burned	וְהָלְכָה וְדָלְקָה
	בְּתוֹךְ שֶׁל חֲבֵירוֹ,
	אֲבָל
if he lit in [the property] of his friend -	מַדְלִיק בְּתוֹךְ שֶׁל חֲבֵירוֹ -
(it is the opinion of all)	(דִּבְרֵי הַכֹּל)
	מְשַׁלֵּם כָּל מַה
	שֶׁהָיָה בְּתוֹכוֹ.
And רב' יהודה admits	וּמוֹדֶה רַבִּי יְהוּדָה
	לַחֲכָמִים,
by one who lends a place to his friend	בְּמַשְׁאִיל מָקוֹם לַחֲבֵירוֹ
to pile up a grain stack,	לְהַגְדִּישׁ גָּדִישׁ
	וְהִגְדִּישׁ
and he hid,	וְהִטְמִין,
	שֶׁאֵין מְשַׁלֵּם
except the value of the stack alone.	אֶלָּא דְּמֵי גָּדִישׁ בִּלְבָד.

[If he had permission] to stack wheat	לְהַגְדִּישׁ חִטִּין
but he stacked barley,	וְהִגְדִּישׁ שְׂעוֹרִין,
	שְׂעוֹרִין
	וְהִגְדִּישׁ חִטִּין,
	חִטִּין
and he covered the wheat (them) with barley,	וְחִיפָּן בִּשְׂעוֹרִין,
	שְׂעוֹרִין
	וְחִיפָּן בְּחִטִּים,
that he does not pay	שֶׁאֵינוֹ מְשַׁלֵּם
except the price of barley alone.	אֶלָּא דְּמֵי שְׂעוֹרִין בִּלְבָד.
רבא said:	אָמַר רָבָא:
	הַנּוֹתֵן דִּינַר זָהָב
	לְאִשָּׁה,
	וְאָמַר לָהּ
'Be careful with it	הִזָּהֲרִי בּוֹ
[for] it is [made] of silver –	שֶׁל כֶּסֶף הוּא –
if she damaged it –	הִזִּיקַתּוּ
	מְשַׁלֶּמֶת

דִּינַר זָהָב,	
מִשּׁוּם דְּאָמַר לָהּ:	for he [can] say to her:
מַאי הֲוָה לֵיךְ גַּבֵּיהּ	“What [complaint] did you have against it
דְּאַזַּקְתֵּיהּ!?	that you damaged it!?”
פָּשְׁעָה בּוֹ ־	
מְשַׁלֶּמֶת	she pays
שֶׁל כֶּסֶף,	
דְּאָמְרָה לֵיהּ:	for she can say to him:
נְטִירוּתָא דְּכַסְפָּא	“The watching of silver
קַבִּילִי עָלַי,	I accepted upon myself,
נְטִירוּתָא דְּדַהֲבָא	
לֹא קַבִּילִי עָלַי.	
אֲמַר לֵיהּ רַב מָרְדְּכַי לְרַב אַשִׁי:	רב מרדכי said to רב אשי:
אַתּוּן	“You
בִּדְרָבָא מַתְנִיתוּ לָהּ,	taught this in [the name of] רבא,
אֲנַן מִמַּתְנִיתָא פְּשִׁיטָא לָן:	to us it is obvious from the ברייתא:
חִטִּין	
וְחִיפָּן בִּשְׂעוֹרִין,	

	שְׂעוֹרִין
and he covered them with wheat -	וְחִיפָּן בְּחִטִּין -
	אֵינוֹ מְשַׁלֵּם
except the price of barley alone.	אֶלָּא דְּמֵי שְׂעוֹרִין בִּלְבָד.
We see [that]	אַלְמָא
he *can say to him:*	אָמַר לֵיהּ:
"The watching of barley	נְטִירוּתָא דְּשַׂעֲרֵי
	קַבִּילִי עָלַי,
here too	הָכָא נַמִּי
	אָמְרָה לֵיהּ:
	נְטִירוּתָא דְּדַהֲבָא
I did not accept on myself."	לֹא קַבִּילִי עָלַי.
	אָמַר רַב:
"I heard something	שְׁמַעִית מִילְּתָא
that had to do with רב' יהודה,	לְרַבִּי יְהוּדָה,
but I do not know	וְלָא יָדַעְנָא
	מַאי הִיא.
שמואל said:	אָמַר שְׁמוּאֵל:

"But does אבא not know	וְלֹא יָדַע אַבָּא
what he heard?	מַאי שְׁמִיעַ לֵיהּ?
[What you heard is that] according to רב' יהודה	לְרַבִּי יְהוּדָה
	דִּמְחַיֵּיב
	עַל נִזְקֵי טָמוּן בָּאֵשׁ,
they made the "remedy of a robbery victim"	עָשׂוּ תַּקָּנַת נִגְזָל
in [the case of] his fire."	בְּאִשּׁוֹ.
אמימר asked:	בָּעֵי אֲמֵימַר:
	עָשׂוּ תַּקָּנַת נִגְזָל
in [the case of] an informer	בְּמָסוֹר
	אוֹ לֹא?
According to the one who said	אַלִּיבָּא דְּמַאן דְּאָמַר
	לֹא דַּיְינִינַן
the judgement of caused damage	דִּינָא דְגַרְמִי
	לֹא תִּבָּעֵי לָךְ,
for informing also	דִּמְסִירוּת נַמִי
	לֹא דַּיְינִינַן,
	אֶלָּא

when do you have the question -	כִּי תִּבָּעֵי לָךְ -
according to the one who said	אַלִּיבָּא דְּמַאן דְּאָמַר
	דָּיְינִינַן דִּינָא דְּגַרְמִי,
[did] they make	עָשׂוּ
the "remedy of a robbery victim"	תַּקָּנַת נִגְזַל
in [the case of] an informer	בְּמָסוֹר
that he can swear and collect (take),	דְּמִשְׁתַּבַּע וְשָׁקִיל,
	אוֹ לֹא?
	תֵּיקוּ.
	הַהוּא גַּבְרָא
who kicked	דְּבָטַשׁ
the money box of his fellow,	בְּכַסְפְּתָא דְּחַבְרֵיהּ,
[and] cast (threw) it into the river,	שַׁדְיֵיהּ בְּנַהֲרָא,
	אָתָא מָרֵיהּ
	וְאָמַר
such and such [an amount]	הָכִי וְהָכִי
	הֲוָה לִי בְּגַוָּהּ.
רב אשי was sitting	יָתִיב רַב אַשִׁי

and he was looking into this,	וְקָא מְעַיֵּין בֵּיה,
"In such a case	כִּי הַאי גַּוְונָא
	מַאי?
רבינא said to him -	אָמַר לֵיה רָבִינָא
	לְרַב אַחָא בְּרֵיה דְּרָבָא,
and some say [regarding] it:	וְאָמְרִי לָה
רב אחא the son of רבא [said it]	רַב אַחָא בְּרֵיה דְּרָבָא
	לְרַב אַשִׁי:
"Is this not [the same thing] as our משנה?!	לָאו הַיְינוּ מַתְנִיתִין,
	דִּתְנַן:
"And the חכמים admit to רבי יהודה,	וּמוֹדִים חֲכָמִים לְרַבִּי יְהוּדָה,
	בַּמַּדְלִיק אֶת הַבִּירָה
	שֶׁמְשַׁלֵּם
whatever is in it,	כָּל מַה שֶּׁבְּתוֹכוֹ,
for it is the way of people	שֶׁכֵּן דֶּרֶךְ בְּנֵי אָדָם
	לְהַנִּיחַ בַּבָּתִּים?
	אָמַר לֵיה:
"If it was [a case] where he claimed	אִי דְּקָא טָעִין

	זוּזֵי
so too,	הָכָא נַמִּי,
[but] what are we dealing with here?	הָכָא (בְּמַאי עַסְקִינָן)
	דְּקָא טָעִין
a jewel -	מַרְגָּנִיתָא –
what is the law [in that case]?	מַאי?
Do people place	מִי מַנְחֵי אִינְשֵׁי
	מַרְגָּנִיתָא
in a money box,	בְּכַסְפְּתָא,
	אוֹ לֹא?
	תֵּיקוּ.
רב יימר said to רב אשי:	אָמַר לֵיהּ רַב יֵימַר לְרַב אַשִׁי:
"[If] he claimed	טָעִין
[that he had] a silver cup	כָּסָא דְּכַסְפָּא
	בְּבִירָה,
	מַאי?
He said to him:	אָמַר לֵיהּ:
We *investigate* *(look)*,	חֲזֵינָא,

אִי אִינִישׁ אֲמִיד הוּא	if he is a rich person
דְּאִית לֵיהּ	
כָּסָא דְּכַסְפָּא,	
אִי נַמִּי	or also
אִינִישׁ מְהֵימְנָא הוּא	[if he is] a trustworthy man
דְּמַפְקְדֵי אִינְשֵׁי גַּבֵּיהּ ־	that people deposit by him -
מִשְׁתַּבַּע	
וְשָׁקִיל,	and takes,
וְאִי לֹא ־	
לָאו כָּל כְּמִינֵּיהּ.	*he would not be believed.*
אָמַר לֵיהּ רַב אַדָּא בְּרֵיהּ דְּרַב אַוְיָא	רב אדא son of רב אויא said (to him)
לְרַב אַשִׁי:	
מַה בֵּין גַּזְלָן	
לְחַמְסָן?	and a grabber?”
אָמַר לֵיהּ:	
חַמְסָן יָהִיב דְּמֵי,	“A grabber gives money,
גַּזְלָן	
לֹא יָהִיב דְּמֵי.	

אָמַר לֵיהּ:	He said to him:
אִי יָהִיב דְּמֵי,	
חַמְסָן קָרִית לֵיהּ!?	you call him a grabber!?
וְהָאָמַר רַב הוּנָא:	But רב הונא said:
תָּלוּהַּ וְזַבִּין	"If they hung someone and he sold
זְבִינֵיהּ זְבִינֵי!	his sale is a sale!"
לֹא קַשְׁיָא:	
הָא דְּאָמַר	"This is where he said,
רוֹצֶה אֲנִי,	
הָא דְּלֹא אָמַר	
רוֹצֶה אֲנִי.	

	* משנה *

A spark	גֵץ
	שֶׁיָּצָא
from under the hammer	מִתַּחַת הַפַּטִּישׁ
	וְהִזִּיק –
	חַיָּיב.
A camel	גָּמָל
which was loaded with flax	שֶׁהָיָה טָעוּן פִּשְׁתָּן
	וְעָבַר
in public property,	בִּרְשׁוּת הָרַבִּים,
and its flax went into the store	וְנִכְנַס פִּשְׁתָּנוֹ לְתוֹךְ הַחֲנוּת
	וְדָלְקוּ
	בְּנֵרוֹ שֶׁל חֶנְוָנִי
and it lit the tower –	וְהִדְלִיק אֶת הַבִּירָה –
	בַּעַל גָּמָל
	חַיָּיב.
[If] the storekeeper left	הִנִּיחַ חֶנְוָנִי

נֵרוֹ	
מִבַּחוּץ ־	outside
הַחֶנְוָנִי חַיָּיב	
רַבִּי יְהוּדָה אוֹמֵר:	רב' יהודה says:
בְּנֵר חֲנוּכָּה ־	
פָּטוּר.	

*** גמרא ***

אָמַר רָבִינָא	
מִשְּׁמֵיהּ דְּרָבָא,	in the name of רבא,
שְׁמַע מִינָּהּ	
מִדְּרַבִּי יְהוּדָה:	from that [הלכה] of רב' יהודה:
נֵר חֲנוּכָּה	
מִצְוָה לְהַנִּיחָהּ	it is a מצוה to place it
בְּתוֹךְ עֲשָׂרָה,	
דְּאִי סַלְקָא דַּעְתָּךְ	for if you would have thought
לְמַעְלָה מֵעֲשָׂרָה,	
אַמַּאי אָמַר ר׳ יְהוּדָה:	why does רב' יהודה say:

	נֵר חֲנוּכָּה ־
	פָּטוּר?
Let him say to him:	לֵימָא לֵיהּ:
[that] he should have placed it	הֲוָה לֵיהּ לְאַנּוּחָהּ
	לְמַעְלָה מִגָּמָל
and its rider!	וְרוֹכְבוֹ!
But do we not deduce (hear) from this:	אֶלָּא לַאו שְׁמַע מִינָּהּ:
	מִצְוָה לְהַנִּיחָהּ
within 10 טפחים [of the ground]?	בְּתוֹךְ עֲשָׂרָה?
	אָמְרֵי:
	לֹא,
actually I could say to you,	לְעוֹלָם אֵימָא לָךְ,
"Even	אֲפִילוּ
	לְמַעְלָה מֵעֲשָׂרָה,
What would you say?	מַאי אָמְרַתְּ?
You should have	אִבָּעֵי לָךְ
	לְאַנּוּחָהּ
above the camel	לְמַעְלָה מִגָּמָל

וְרוֹכְבוֹ!	
כֵּיוָן	Since
דִּבְמִצְוָה קָא עָסִיק,	
כּוּלֵּי הַאי	all this
לֹא אַטְרְחוּהַ רַבָּנָן.	the רבנן did not trouble him.
אָמַר רַב כַּהֲנָא,	
דָּרַשׁ רַב נָתָן בַּר מַנְיוּמִי	רב נתן בר מניומי was דורש
מִשְּׁמֵיהּ דְּרַבִּי תַּנְחוּם:	in the name of רבי תנחום:
נֵר חֲנוּכָּה	
שֶׁהִנִּיחָהּ	
לְמַעְלָה מֵעֶשְׂרִים אַמָּה ־	above twenty אמות -
פְּסוּלָה,	
כְּסוּכָּה וּכְמָבוֹי.	

*** הדרן עלך הכונס ***

Made in the USA
Coppell, TX
06 October 2021

63579777R10083